Sabine Leipholz

Das FASD-Geschwisterbuch

Aufwachsen als Geschwister
von Kindern mit FASD

Ein Praxishandbuch für Eltern

Die Autorin

© Sabine Leipholz

Sabine Leipholz
ist evangelische Pfarrerin und systemische Beraterin. Sie arbeitet in eigener Praxis in Brüggen am Niederrhein (NRW) mit dem Schwerpunkt FASD in Familie, Jugendhilfe und Behindertenhilfe und ist in der Beratung und Weiterbildung für Eltern, Pflegeeltern und Fachkräfte tätig. Das FASD-Geschwisterbuch ist ihr zweites Elternbuch zu FASD-Pädagogik und FASD in der Familie.

Sabine Leipholz

Das FASD-Geschwisterbuch

Aufwachsen als Geschwister von Kindern mit FASD

Ein Praxishandbuch für Eltern

Bibliografische Information der Deutschen Nationalbibliothek
Die Deutsche Nationalbibliothek verzeichnet diese Publikation in der Deutschen Nationalbibliografie; detaillierte bibliografische Daten sind im Internet über http://dnb.d-nb.de abrufbar.

1. Auflage 2023
ISBN Print 978-3-8248-1312-4
ISBN E-Book 978-3-8248-9860-2

Mollweg 2, D-65510 Idstein
Vertretungsberechtigte Geschäftsführer:
Dr. Ullrich Schulz-Kirchner, Martina Schulz-Kirchner
Umschlagfoto: © elizaveta – Adobe Stock
Herstellung: Susanne Koch
Druck und Bindung:
Medienhaus Plump, Rolandsecker Weg 33, 53619 Rheinbreitbach
Printed in Germany

Inhalt

Vorwort

„Ich weiß nicht, was das Besondere daran ist, mit Geschwistern mit FASD aufzuwachsen. Das war normal für mich."
Freya, 20 J., Studentin

Ein Ehepaar in seinen 40er-Jahren ist zur Beratung in meine Praxis gekommen. Beide sitzen beruflich fest im Sattel, besitzen ein großes Haus auf dem Land und zwei Pferde stehen direkt am Haus auf der Koppel. Zur Familie gehören drei Kinder, eines davon ist ein Kind mit FASD. Es gibt täglich extrem lauten Streit unter den Kindern, so berichten die Eltern. Das Kind mit FASD schreit herum, das älteste Kind hält dagegen und es werden Türen geknallt, dass die Wände wackeln. Das jüngere Kind zieht sich zurück in sein Zimmer. Die meiste Zeit sind die Eltern mit ihrem Kind mit FASD beschäftigt – für die anderen Kinder bleibt kaum Zeit. Die Eltern sind davon überzeugt, dass die Geschwisterkinder durch diese Situation im Elternhaus Schaden nehmen werden. In so einer Familie können Kinder doch nicht gesund aufwachsen.

Leiden Geschwisterkinder oder schadet es ihnen, in einer Familie aufzuwachsen, in der ein Kind mit FASD lebt?

In meinen FASD-Elternseminaren und im Elterncoaching erlebe ich häufig Väter und Mütter, die sich Sorgen um die Entwicklung der Geschwisterkinder machen. Dass es von FASD betroffene Geschwisterkinder schwerer haben, sich gut zu entwickeln, und unter der Situation in der Familie leiden könnten, treibt viele Eltern um. Das geflügelte Wort von den „Schattenkindern" ist weit verbreitet.

Aber ist das so? Sind die Geschwister von Kindern mit FASD benachteiligt gegenüber anderen Kindern, in deren Familie kein Kind mit Behinderung lebt? Sind Geschwister von Kindern mit FASD vergessene Kinder im Schatten ihrer Geschwister mit Behinderung?

Wie kann das gemeinsame Aufwachsen mit Kindern mit FASD für die Geschwisterkinder gelingen?

Das FASD-Geschwisterbuch geht den Fragen nach, was das Zusammenleben von Kindern mit und ohne FASD für Familien bedeutet und was Geschwisterbeziehungen mit und ohne FASD ausmacht. Gibt es Besonderheiten bei der „Geschwisterschaft plus FASD"?

Das FASD-Geschwisterbuch:

- möchte Eltern bei ihrer Aufgabe, ihren Kindern ohne Behinderung Halt, Sicherheit und Orientierung zu geben, begleiten,
- gibt Eltern Strategien für das Zusammenleben der Kinder mit und ohne FASD an die Hand,
- gibt Eltern Anregungen zur Reflexion und zum Entdecken neuer Möglichkeiten durch systemische Impulse,
- bietet Ideen für konkrete Veränderungen im Familienalltag.

Als Autorin bringe ich dabei meine Erfahrungen als systemische Beraterin, evangelische Pfarrerin, Erziehungsstelle und FASD-Fachberaterin ein. Ich stelle in diesem Buch Strategien für ein gutes Familienklima vor, das Sicherheit und Geborgenheit für alle Kinder in der Familie schaffen will. Machen Sie davon Gebrauch, wo es Ihnen als Eltern und Ihren Kindern nützt.

Die Expertinnen und Experten für Ihre Familie sind immer nur Sie selbst. Was für Ihre Familie richtig ist, wissen nur Sie selbst. Passen Sie darum die Strategien aus diesem Buch an Ihr Leben an. Dieses Buch kann nur eine Grundmelodie sein. Sie selbst machen daraus Ihr Konzert – mit Ihren Variationen und Ihrem eigenen Stil. Ihr „Konzerthaus" und Ihr „Orchester" kennen Sie selbst am besten. Nur Sie selbst entscheiden, was für Sie und Ihre Familie richtig ist.

Ich wünsche Ihnen in diesem Sinn viel Freude beim Lesen, Verändern und Umsetzen.

Sabine Leipholz

Begriffsklärung und Leitbilder

FASD oder FAS?

- In diesem Buch wird der englische Oberbegriff FASD = Fetal Alcohol Spectrum Disorder benutzt.
- Die Unterscheidung der Unterdiagnosen FAS-Vollbild, pFAS und ARND ist für die pädagogische, therapeutische und psycho-soziale Begleitung von Kindern mit FASD in der Regel nicht relevant und wird deshalb in diesem Buch vernachlässigt.

Eltern:

- Leibliche Eltern und soziale Eltern (Adoptiveltern, Pflegeeltern und Stiefeltern) sind Eltern im Sinne dieses Buches. Wo die bestehenden Unterschiede entscheidend sein können, werden z. B. Pflegeeltern explizit benannt.

Betroffene:

- Von FASD betroffen sind Familien, Angehörige und Freundinnen und Freunde von Kindern mit FASD. Kinder, die mit FASD leben, sind in diesem Sinne nicht von FASD betroffen, sondern Kinder mit FASD.

Leitbild Normalisierung:

Das Normalisierungsprinzip hat seinen Anfang 1959 in Dänemark genommen und ist inzwischen über die USA auch in Deutschland angekommen.[1]

- Das Normalisierungsprinzip folgt dem Grundsatz, dass Menschen mit Behinderung das gleiche Recht haben wie Menschen ohne Behinderung, so zu leben wie sie möchten.
- Menschen mit Behinderung haben ein Recht auf einen normalen Alltag, Beziehungen, Sexualität, Arbeit und Freizeit.
- Normalisierung ist so einfach wie selbstverständlich und dennoch ist es noch ein weiter Weg zur gelebten Inklusion.
- Das Normalisierungsprinzip ist das Leitbild dieses Buches.

Leitbild Menschenkinder:

- Kinder brauchen Familien. Kinder brauchen deren Rahmen und das Miteinander, das nur eine Familie bieten kann, um aufzuwachsen. In

1 Thimm, Wachtel, 2002, 15, siehe auch unter www.inklumat.de

Einrichtungen aufzuwachsen kann ein Familienleben nicht ersetzen und kann deshalb für Kinder immer nur die Ultima Ratio sein.

Teil I: Familienleben plus FASD

Mit FASD in der Familie zu leben ist manchmal mit einer Expedition vergleichbar. Das Gelingen hängt von sehr vielen Faktoren ab. Es braucht mehr als nur motivierte Eltern oder einen langen Atem.
Wenn die „Expedition Familie und FASD" gelingen soll, ist einiges an Vorarbeit nötig: das Studium der Karte und der Wetterbedingungen und die Zusammenstellung der Ausrüstung. Sie machen bei der „Expedition Familie und FASD" die Rahmenbedingungen aus. Einiges davon können Eltern verändern und beeinflussen, anderes wird ihnen vorgegeben und manches gleicht sogar einem ziemlich hohen Berg mitten auf dem Weg.

Die Gesamtsituation, in der von FASD betroffene Familien leben, spielt bereits eine Rolle, wenn es um die Frage nach guten Bedingungen für die Geschwisterkinder geht. Denn diese Faktoren sind die Rahmenbedingungen der „Expedition Familie und FASD" und betreffen nicht nur die Eltern, sondern indirekt oder direkt immer auch die Geschwisterkinder.

In Teil I „Familienleben plus FASD" gehen wir deshalb der Frage nach den inneren und äußeren Rahmenbedingungen nach, mit denen von FASD betroffene Familien umgehen müssen:

- Worauf müssen sich Familien einstellen, die ein Kind mit FASD aufnehmen oder deren Kind die Diagnose FASD erhält?
- Was sind FASD-spezifische Herausforderungen, die auf von FASD betroffene Familien zukommen?
- Was bedeutet es, mit einem Kind mit Behinderung zu leben?
- Was können Eltern tun, um in der Familie eine Basis für das Leben mit FASD zu schaffen?

1 Die Herausforderung Familienleben plus FASD

Anders als noch vor 100 Jahren stehen Familien heute ganz allgemein vor hohen Ansprüchen in Bezug auf die Förderung und Ausbildung ihrer Kinder.[2] Und als Eltern eines Kindes mit der Behinderung FASD stehen sie noch zusätzlich bei der Förderung, Erziehung und Unterstützung ihrer Kinder vor kognitiven, emotionalen und praktischen Herausforderungen, die andere Familien so eher selten erleben.

Dass das „Familienleben plus FASD" funktioniert, ist meist kein Selbstläufer. Es bedarf dazu einer großen Menge an Engagement und Investment vonseiten der Eltern.

Einige Herausforderungen teilen von FASD betroffene Familien mit allen Familien, die mit Kindern mit Behinderung leben, ganz gleich um welche Behinderung es sich handelt, andere Herausforderungen sind FASD-spezifisch.

Die emotionalen und inneren Prozesse, die Eltern durchleben, wenn ein Kind mit Behinderung in die Familie einzieht, sind bei Weitem nicht alles, womit sich von FASD betroffene Eltern auseinandersetzen müssen. Die Herausforderungen, vor denen von FASD betroffene Familien stehen, sind sowohl dem konkreten Umfeld der einzelnen Familie geschuldet als auch der Gesellschaft insgesamt und ihrem Umgang mit Fragen der Inklusion von Menschen mit Behinderung und ihren Familien.

1.1 Im Dschungel der Zuständigkeiten

Eltern von Kindern mit Behinderung stehen im Alltag vor vielen Fragen, die Neuland für sie sind. So beschäftigen sie sich z. B. mit Fragen des Schulrechts oder des Sozialrechts zumeist dann zum ersten Mal, wenn ein Kind mit Behinderung in die Familie kommt – und mit ihm immer wieder neue Fragen, die geklärt werden müssen. Dies betrifft nicht nur Adoptiveltern und leibliche Eltern, sondern leider oft auch Pflegeeltern, denen eigentlich ein Vormund, ein Pflegekinderdienst oder ein Träger an dieser Stelle Entlastung bieten sollte.

---

2 Sesselmann, 2012, S. 58ff.

Aus der Praxis:

- Welches Amt genehmigt die Taxifahrt zur Schule?
- Bekommt das Kind ein Einzeltaxi, wenn es jeden Morgen im Schulbus zur Förderschule mit der Busbegleitung aneinandergerät?
- Sind alle Ämter, bei denen im Laufe der Jahre die verschiedensten Anträge zu stellen sind, verpflichtet, die Behinderung anzuerkennen, wenn ein Schwerbehindertenausweis vorliegt?
- Braucht mein Kind mindestens einen Grad der Behinderung (GdB) von 70, um Hilfen zu erhalten? Oder reicht ein GdB von 50?
- Welche Konsequenzen hat es, wenn das Merkzeichen H (hilflos) im Schwerbehindertenausweis wegfällt?
- Wie kann man Entlastungs- und Auszeiten für die Eltern über die Verhinderungspflege mit der Pflegekasse abrechnen?
- Was ist ein AO-SF-Verfahren[3]? Wie läuft das ab? Werde ich korrekt informiert?
- Wer muss den speziellen Kinderautositz bezahlen, den die Ärztin verordnet hat? Die Krankenkasse oder das Jugendamt?

Es kann für betroffene Familien manchmal schwierig sein, den richtigen Ansprechpartner zu finden und zu erfahren, welche Hilfen ihr Kind bzw. die Familie von welchem Amt oder Anbieter bekommen kann.
Die Frage nach den Zuständigkeiten kann zudem noch lokal unterschiedlich geregelt sein oder die Zuständigkeiten wechseln im Laufe der Jahre. Die Hilfen für Kinder und Jugendliche mit Behinderung kommen derzeit (Stand 2022) noch nicht aus einer Hand und sind weder immer gleich noch immer eindeutig festgelegt.

Der Gesetzgeber unterscheidet bei Kindern und Jugendlichen zwischen einerseits körperlichen und geistigen Behinderungen und andererseits seelischen Behinderungen. Die Zuordnung von Kindern mit FASD ist hier nicht einfach und vor allem nicht immer eindeutig. Je nachdem, welcher

3 AO-SF-Verfahren = Ausbildungsordnung Sonderpädagogischer Förderung-Verfahren. Verfahren zur Feststellung des sonderpädagogischen Förderbedarfs für ein Schulkind: Lernen (LE), geistige Entwicklung (GG), emotionale und soziale Entwicklung (ESE), körperliche und motorische Entwicklung (KM), Sprache (SQ), Sehen (SE) oder Hören und Kommunikation (HK). Quelle: www.schulministerium.nrw/lexikon-der-inklusion

Behinderung ihr Kind zugeordnet wird – seelisch behindert, geistig behindert oder körperlich behindert –, haben Eltern es entweder mit dem Sozialamt (Hilfen nach Sozialgesetzbuch (SGB) XII für Kinder mit körperlicher und geistiger Behinderung) oder mit dem Jugendamt (Hilfen nach SGB VIII für Kinder mit seelischer Behinderung) zu tun. Mancherorts gibt es auch ein eigenes Amt für Integration für die Hilfen nach SBG XII, das statt des Sozialamtes zuständig ist.

Eltern erleben die unterschiedlichen Zuständigkeiten von Ämtern, Trägern und Anbietern von Hilfen als regelrechten Dschungel.

„Die als schwierig empfundene Lage wird nicht selten erheblich dadurch erschwert, dass sich das System der Behindertenhilfe mit den unterschiedlichsten Anspruchsberechtigungen an verschiedene Rechtssysteme, unterschiedlichsten behördlichen Zuständigkeiten und dann auch häufig noch unterschiedlichen Zuständigkeiten von Maßnahmeträgern als Chaos präsentiert."[4]

Aus diesem Dschungel der Zuständigkeiten kann, je nachdem, wie leicht oder auch schwer es Müttern und Vätern fällt, sich hier zurechtzufinden, eine mehr oder minder große Belastung für die Familie entstehen.

Diese Unübersichtlichkeit verursacht Stress und kostet Kraft, Nerven und ganz konkret eine Menge Zeit.

1.2 Das Informationsdefizit FASD

Es ist bekannt, dass eines von 50 Babys in Deutschland mit FASD geboren wird.[5] Vermutlich kommt eine große Dunkelziffer zu dieser gesicherten Zahl noch hinzu.
Das bedeutet, dass in Deutschland ca. 1,6 Mio. Menschen mit FASD leben – möglicherweise sind es mehr. FASD ist damit eine sehr häufige angeborene Behinderung. Aber gleichzeitig ist FASD in Deutschland eine sehr unbekannte Behinderung. Das ist eine Situation, die durchaus als paradox bezeichnet werden kann.

4 Thimm, Wachtel, 2002, S. 12
5 Kraus et al., 2019, S. 3

Die Bekanntheit bzw. Unbekanntheit von FASD ist dabei regional unterschiedlich ausgeprägt. Es gibt Regionen, in denen in den letzten Jahrzehnten schon viele Strukturen gewachsen sind und in denen ein Hilfesystem aufgebaut wurde. Und es gibt Regionen, die quasi noch weiße Flecken auf der Landkarte des FASD-Netzes sind. FASD ist z. B. noch nicht ausreichend bekannt bei Kinderärztinnen und -ärzten, bei Kinderpsychiaterinnen und -psychiatern, in den Sozialpädiatrischen Zentren (SPZ), bei Therapeutinnen und Therapeuten, in Erziehungsberatungsstellen, in Jugendämtern oder bei Trägern ambulanter und stationärer Hilfen.

Diese Unbekanntheit von FASD kann im Hinblick auf Fachkräfte, die in den Bereichen Gesundheit, Pädagogik, Jugendhilfe, Therapie und Beratung arbeiten, als „Informationsdefizit FASD" bezeichnet werden.

Das Informationsdefizit FASD kann wirkmächtig sein und direkte und indirekte Auswirkungen auf Kinder und Jugendliche mit FASD, auf ihre Eltern und ihre Geschwister haben.

Denn Eltern von Kindern mit FASD benötigen für ihr Familien- und FASD-Management FASD-spezifische Beratung zu:

- medizinischen Themen
- Entwicklungsperspektiven
- möglichen Interventionen
- FASD-spezifischer Kommunikation
- Gefahr der Überforderung
- FASD-spezifischer Pädagogik
- Hilfen und Hilfsmittel
- Entstehung von Komorbiditäten wie z. B. Depressionen
- Suizidprophylaxe
- Suchtprophylaxe

Bei der Suche nach fachlichen Informationen über FASD können das Internet und die Fachliteratur zu FASD inzwischen das fehlende Angebot vor Ort teilweise auffangen. Ein flächendeckendes FASD-Netz und auf FASD eingestelltes Hilfesystem können so aber nicht zur Gänze ersetzt werden.[6]

6 Sarimski, 2021, S. 63f.

Wo es in Bezug auf FASD ein Informationsdefizit gibt, könnte an die FASD-Ambulanzen, Beratungsstellen und Praxen verwiesen werden, die auf FASD spezialisiert sind. Aber in der Regel bedingt das Informationsdefizit FASD ja gerade, dass nicht weiter verwiesen wird.

So wirkt das Informationsdefizit FASD konkret in das Leben der Kinder und in das Leben der betroffenen Familien hinein. Durch das Informationsdefizit FASD können so neue Schwierigkeiten und Probleme entstehen, die „hausgemacht" sind.

Filmtipp zum Thema Alkoholkonsum und Suchtprophylaxe:
„Alkohol. Der globale Rausch"
Ein Film von Andreas Pilcher
© rbb, EIKON Filmproduktion & Miramonte Film, 2020

1.2.1 Das Informationsdefizit FASD begünstigt FASD

Weil FASD auch durch geringe Mengen Alkohol in der Schwangerschaft entstehen kann, kommt die Geburt alkoholgeschädigter Kinder in allen Schichten und Gruppen in der gesamten Bevölkerung vor.

Es geht bei der Entstehung von FASD nicht allein um die Frage nach extremem Konsumverhalten („Saufen"), sondern dezidiert um die Frage „Zero oder nicht zero"? Die Behinderung FASD betrifft deshalb bei Weitem nicht nur die Kinder von Alkoholikerinnen, sondern ist eine direkte Folge unserer „Trinkkultur". Wo Alkohol einerseits Lifestyle ist und andererseits die Gefahren des Alkohols für ungeborene Kinder verharmlost werden, bleibt eine hohe Quote alkoholgeschädigter Kinder nicht aus.

In Bezug auf die Droge Alkohol ist Deutschland ein Hochkonsumland.[7] Alkohol ist in Deutschland ein sozialer Kitt und wird als Genussmittel angesehen. Der Großteil der Bevölkerung konsumiert Alkohol. Alkohol ist eine legale Droge, billig und überall verfügbar. Da verwundert es kaum, dass laut einer Studie der Charité Berlin ca. 28 % der Schwangeren in Deutsch-

7 Quelle: www.aerzteblatt.de/Politik/Alkohol: „Deutschland bleibt ein Hochkonsumland", 28.03.2018

land Alkohol trinken.[8] Das Gerücht, das Zellgift Alkohol verursache nur bei den Kindern von Alkoholikerinnen FASD, hält sich hartnäckig in allen Kreisen. Infolgedessen kommen viele Kinder mit FASD zur Welt, die gesund sein könnten.

Zu den Risikogruppen in Bezug auf Alkoholkonsum in der Schwangerschaft gehören z. B. Teenagerinnen, Akademikerinnen, Singles und Frauen um die 40. Sie trinken nicht, um ihrem Kind zu schaden, sondern z. B., weil sie das Risiko der lebenslangen Behinderung FASD nicht wirklich kennen, noch nicht wissen, dass sie schwanger sind, oder in Gesellschaft mittrinken, um ihre Schwangerschaft noch nicht publik zu machen.

> ***Eine Mutter fährt mit ihrem Kind ins SPZ.*** *Das Kind hat vom Kinderarzt die Diagnose ADHS bekommen, aber die Mutter ahnt, dass das nur die halbe Wahrheit ist. Sie trinkt, ebenso wie ihre Mutter, zum Essen gerne ein Glas Rotwein. Da angeblich Alkohol in kleinen Mengen nicht schadet, hat es bisher jede Frau in der Familie so gehalten, während ihrer Schwangerschaft weiterzutrinken. Die junge Mutter hat sich über FASD informiert und versteht, warum sie und ihr Sohn an manchen Stellen im Alltag immer wieder Probleme haben. Im SPZ wird ihr gesagt, sie solle aufhören über FASD nachzudenken. Es gäbe Länder, da würde das gar nicht diagnostiziert.*
> *In der Beratung sagt die Mutter zu mir: „Ich will, dass das in meiner Familie aufhört und dafür brauche ich die Gewissheit!"*

Systemische Impulse für Eltern

- Wem nützt die Haltung dieses SPZs?
- Was könnten die Gründe sein, die hinter dieser Haltung stehen?
- Was würde eine vergleichbare Haltung im SPZ für ein Kind mit einer Autismus-Spektrum-Störung bedeuten?
- Was bedeutet diese Haltung für das Kind mit FASD?
- Auf einer Skala von 1 bis 10: Wie sehr hilft dem Kind die Haltung des SPZ?
- Was bedeutet die Haltung des SPZ für die Rat suchende Mutter?

8 Landgraf, 2019, S. 19f.

„Gib AIDS keine Chance"

1987 startete die eingängige und groß angelegte Kampagne der Bundeszentrale für gesundheitliche Aufklärung (BZgA) zu AIDS. Diese sog. AIDS-Kampagne lief von 1987 bis in die 1990er-Jahre mit Plakatwänden, TV-Spots und Kino-Spots.[9] Sie schuf ein Bewusstsein für AIDS in der Bevölkerung und verhinderte viele Neuinfektionen.

„Gib FASD keine Chance"

Das Informationsdefizit FASD in der Bevölkerung ist mitverantwortlich für die große Zahl an Geburten alkoholgeschädigter Kinder. Eine Großkampagne mit Plakatwänden, TV-Spots und Kinospots würde die Zahl der Neugeborenen mit FASD positiv verändern und viele ungeborene Kinder schützen.

Die Aufklärung der Bevölkerung über die Gefahren von Alkohol in der Schwangerschaft und das Risiko FASD leisten indes bisher hauptsächlich engagierte Gruppen, Vereine und Einrichtungen des FASD-Netzwerkes.
Wann Deutschland den Schritt macht, die Gefahren von Alkohol für Ungeborene ernst zu nehmen und die Bevölkerung so über FASD aufzuklären, dass die Botschaft wirklich überall ankommt, bleibt abzuwarten.

1.2.2 Das Informationsdefizit FASD verursacht Leid

Das Informationsdefizit FASD betrifft je nach Region auch Ämter, Träger, medizinische, therapeutische und pädagogische Fachkräfte.
Es kommt z. B. in Jugendämtern, kinderärztlichen Praxen und in SPZs vor, dass FASD nicht ausreichend bekannt ist. Die Folgen können irreführende Beratungen für betroffene Eltern, „Alternativdiagnosen" für Kinder mit FASD und mitunter weitreichende Fehleinschätzungen durch Fachkräfte sein, die FASD nicht ausreichend gut kennen. Wo Familiengerichte per se der Einschätzung von Jugendämtern folgen, können die Folgen für Familien im Einzelfall gravierend sein.

9 www.bzga.de/presse/pressemotive/hivsti-praevention-im-rueckblick/

Ein Vater wird nach der Trennung alleinerziehend. *Seine Frau hatte ein Alkoholproblem und ist nach der Trennung etwa 10 Jahre lang nicht auffindbar. Der Vater heiratet wieder und die Patchworkfamilie bekommt noch zwei Kinder.*
Bei seinem Kind aus der ersten Ehe wird von einer anerkannten FASD-Ambulanz die Diagnose FASD mit der Unterdiagnose FAS-Vollbild gestellt.
Die Familie fördert das Kind adäquat, es kommt gut in der Regelschule zurecht und hat ein gutes Sozialverhalten.
Als das Kind 11 Jahre alt ist, wendet sich die Kindsmutter an das Jugendamt. Ihr Vorwurf: Der Vater und ihr Ex-Mann „wolle, dass das Kind behindert ist" und habe deshalb die Diagnose FASD stellen lassen. Sie habe nie getrunken.
Das Jugendamt folgt dieser Einschätzung und geht davon aus, dass die Diagnose unzutreffend ist, denn die Alkoholexposition müsse bei FASD auch bei der Unterdiagnose FAS-Vollbild ja gesichert sein.
Das Familiengericht spricht dem Jugendamt das Sorgerecht zu, um künftigen Schaden von dem Kind abzuwenden. Eine Familie, die eine Behinderung für das Kind bejaht und selbst für die Diagnose sorgt, sei nicht geeignet für das Kind.
Das Kind wird in einem Heim untergebracht.
Um dem Kind zu helfen, wird ihm der „Makel" der Behinderung genommen. Jetzt gilt das Kind als gesund.
Mit der Methodik professioneller Pädagogik (Regeln, Grenzen, Konsequenzen, Verstärkerpläne etc.) soll das Kind nun seine organisch bedingten Funktionsstörungen – z. B. in den Bereichen Zeit, Geld, Mathematikverständnis, Arbeitsgedächtnis – aufholen, da diese nun auf fehlende Förderung zurückgeführt werden.
Das Kind entwickelt sich in den nächsten Jahren nicht mehr gut und die Probleme werden mehr und größer. Ein verzweifelter Vater bleibt zurück.

So wie in diesem Einzelfall läuft es sicherlich glücklicherweise nicht immer und nicht überall. Aber das Informationsdefizit FASD kann in vielen Varianten in die betroffenen Familien hineinwirken und manchmal sogar ursächlich sein für einen langen Leidensweg von Familien, Eltern und Geschwisterkindern.

Systemische Impulse für Eltern

- Welche Erfahrung machen die anderen Kinder der Familie in dem beschriebenen Fall?
- Was bedeutet die Herausnahme des Bruders aus der Familie für ihr kindliches Bedürfnis nach Sicherheit?
- Welcher Behinderungsbegriff steht hinter dem Vorgehen des Amtes?
- Was ist der gute Grund für das Vorgehen? Wem nützt es?

Die Wunderfrage für von FASD betroffene Familien wäre: „Wenn FASD morgen in Ihrem Hilfesystem bekannt und anerkannt wäre, woran würden Sie das merken?"

1.2.3 Das Informationsdefizit FASD nimmt Chancen

Kindern mit FASD fehlt durch das Informationsdefizit FASD über Jahre hinweg oder sogar in ihrer gesamten Kindheit eine passgenaue Förderung.

In meiner Praxis sitzt ein älteres Ehepaar mit seinem Pflegesohn.
Die Diagnose FAS-Vollbild wurde gerade erst gestellt. Die zwei anderen Kinder der Familie sind schon ausgezogen und selbstständig. Der Pflegesohn hat ein ausgeprägtes FASD und dementsprechend normale behinderungsbedingte Schwierigkeiten.
In der gesamten Erziehung in den letzten 17 Jahren haben sich die Pflegeeltern auf Einsicht und Verständnis fokussiert, ganz so, wie bei ihren anderen Kindern. Es gab Erklärungen, reflektierende Gespräche und Konsequenzen. Der Sohn diskutierte eifrig mit, hat aber leider nie sein Verhalten korrigiert.
Jetzt eskaliert die Situation im Elternhaus und in der Schule. Nichts geht mehr.
Die Pflegeeltern hatten in 15 Jahren mehrere kinderpsychiatrische Praxen, ein SPZ und mehrere psychotherapeutische Praxen aufgesucht. Obwohl der Alkoholkonsum der leiblichen Mutter bekannt war, hatte im Gesundheitswesen und im Pflegekinderdienst niemand an FASD gedacht.

FASD-spezifische Hilfen und eine FASD-spezifische Pädagogik hat es in diesem Fall nie gegeben: keine Leichte Sprache, keine Piktogramme, keine

Gedächtnisunterstützung, keine Integrationshilfe/Schulbegleitung, keine sequenzierten Aufgaben und keine Entlastung bei Überforderungen. Der Junge sollte es schaffen zu lernen, was er aufgrund seiner hirnorganischen Schädigung nicht lernen konnte, wie z.B.: Verständnis für Zeit, Geld und Mathe, sich verlässlich an Regeln und Absprachen halten, das Leistungsniveau eines gesunden Kindes erreichen und sich selbst strukturieren. Dies war für das Kind eine große Überforderung, die im Hilfesystem nicht erkannt und ungewollt sogar forciert wurde.

Hilfesysteme, die so arbeiten, laufen Gefahr, sich im Kreis zu drehen: Da das Hilfesystem FASD nicht ausreichend kennt, wird falsch (nicht passgenau) gefördert – da falsch gefördert wird, entwickelt sich das Kind nicht gut – weil sich das Kind nicht gut entwickelt, muss es mehr gefördert werden – da das Hilfesystem FASD nicht ausreichend kennt, wird falsch (nicht passgenau) gefördert.

Ein solches Hilfesystem arbeitet, aber es arbeitet nicht mit dem Kind mit FASD, sondern möglicherweise gegen das Kind mit FASD.

Kind und Eltern geraten so leicht in einen Kreislauf aus falschen Anforderungen, Überforderung, Scheitern und Frust. Es entstehen Probleme, die das Kind und die Familie nicht hätten haben müssen. Diese bestimmen nun das Familienleben und sind kaum noch zu händeln. Aus diesem Kreislauf nach 15 Jahren wieder herauszukommen, ist um ein Vielfaches schwerer, als das Kind von Anfang an FASD-spezifisch zu fördern.

Im Nachhinein ist nicht zu sagen, was das Kind bei FASD-spezifischer Förderung hätte erreichen können. Aber wenn es Ziel und Aufgabe des Hilfesystems ist – sei es Jugendhilfe, Therapie oder Beratung – Lösungswege zu eröffnen und Chancen zu ermöglichen, dann brauchen Kinder mit FASD und ihre Familien eine fachgerechte, FASD-gerechte Förderung und Beratung.

1.3 Eltern im Dauereinsatz

Mit einem Kind mit Behinderung zu leben kann heißen, es 24 Stunden täglich zu versorgen und betreuen zu müssen.

Auch und gerade Kinder mit FASD brauchen rund um die Uhr Aufsicht, Anleitung und Unterstützung durch ihre Eltern. Dadurch unterscheidet sich die Belastung der Eltern in manchen Fällen kaum von der Versorgung eines Kindes mit Schwerstbehinderung. Eltern eines Kindes mit FASD sind zwar meist anders gefragt und gefordert, weil sie z. B. keine Katheter wechseln müssen, aber auch sie sind oft 24/7 (24 Stunden/sieben Tage pro Woche) im Dauereinsatz oder zumindest immer in Rufbereitschaft.

Eltern von Kindern mit FASD kennen das: Das Kind braucht in den ersten 12 Lebensjahren Hilfe bei der Körperpflege, besonders beim Zähneputzen oder Haare waschen. Es kann Jahre dauern, bis sich das Kind selbstständig anziehen kann. Das Kind stopft beim Essen und spuckt die Nahrung wieder aus, wenn das Schlucken der großen Menge nicht funktionieren will. Das Laufen zu erlernen und Treppen rauf- und runterzugehen gelingen ihm lange nur mit Hilfe. Aber das gleiche Kind braucht auf dem Spielplatz wirklich in jeder Sekunde die volle Aufmerksamkeit der Eltern: Denn fünf Meter hochzuklettern klappt in nur drei Sekunden! Manche Kinder mit FASD kommen abends schlecht zur Ruhe, schlafen nicht ein oder nicht durch. Gelegentlich kommt Herumirren in der Nacht noch dazu.

Was kann mit dem Kind erledigt werden? Was muss in der knappen Zeit ohne das Kind erledigt werden?

Auch das macht den Dauereinsatz für Eltern bei FASD aus: Die eigenen Arztbesuche, die Arztbesuche mit den Geschwisterkindern oder gefährliche Hausarbeiten wie Bügeln und Fenster putzen können nur ohne das Kind mit FASD erledigt werden. Braucht das Kind am Nachmittag Betreuung, weil es auch mit 10, 12 oder 16 Jahren noch nicht allein bleiben kann, bedeutet auch das meist chronischen Zeitmangel für die Eltern.

Diesen Dauereinsatz vom Wecken bis zur Nachtwache weit über das Kleinkindalter hinaus zu gewährleisten, kann ein enormes Maß an Stress bedeuten.

> *Die Pflegemutter ist nicht berufstätig und betreut ein* ***Kleinkind mit FASD im Alter von 3 Jahren*** *und zwei weitere Kinder im Grundschulalter. Das Kind hängt sehr an ihr und hat ausgeprägte autistische Züge. Es erträgt keinerlei Veränderungen. Mit dem Kind kann sie weder put-*

zen noch einkaufen und es braucht von 4 Uhr morgens bis in den späten Abend Aufsicht und Betreuung. Die Nachtruhe der Mutter ist stark verkürzt. An drei Tagen pro Woche kommt für zwei Stunden eine Hilfe ins Haus, die das Kind betreut. Damit der Haushalt so weiterläuft wie gewohnt, putzt die Mutter, räumt auf und bügelt in dieser Zeit und in jeder freien Minute. Wann immer das Kind betreut wird oder am Tag schläft, holt sie liegen gebliebene Arbeiten nach. Sie steuert auf ein Burn-out zu.

Vielen Eltern von Kindern mit FASD fehlen über Jahre Schlaf und Erholungspausen.
Reflektieren Eltern diese Situation nicht oder gelingt es nicht, Entlastung zu organisieren, kann das hohe Stresslevel so ungewollt das Familienklima prägen und sich auch auf die anderen Kinder in der Familie übertragen.

1.4 Teilhabeeinschränkungen für Eltern und Geschwister

Auf die allermeisten Familien mit einem Kind mit der Behinderung FASD kommen Teilhabeeinschränkungen zu.
Viele Mütter und Väter erleben es als belastend, dass ihr eigenes soziales Leben durch die Behinderung ihres Kindes eingeschränkt ist.

Aus der Praxis:

- Shopping im großen Outlet oder in der City ist kaum möglich, da das 10-jährige Kind nach dem Besuch von zwei Geschäften überreizt ist und nur noch schreien kann. Das Shopping muss abgebrochen werden.
- Im Kino bleibt das 8-jährige Kind nicht sitzen oder schreit und weint, weil die Bilder zu stark (3D) und der Soundtrack zu laut ist. Ein Kinobesuch mit dem Kind ist deshalb nicht möglich. Künftig teilen sich die Eltern auf oder Eltern und Geschwisterkinder müssen auf Kinobesuche ganz verzichten.
- Auf der Kirmes bekommt das 9-jährige Kind auf dem ersten Fahrgeschäft einen Weinkrampf. Die Wahrnehmungsstörungen und die sensomotorischen Probleme lösen eine regelrechte Panikattacke aus. Das Kind ist schwer zu beruhigen und danach völlig erschöpft. Der Kirmesbesuch muss abgebrochen werden.

- In der Kinderanimation im Kluburlaub flippt das 10-jährige Kind und muss mehrfach abgeholt werden. Die Animation ist zu viel, zu laut und zu unstrukturiert. Abends im Restaurant flippt das Kind. Das Kind ist überfordert und überreizt. Ein entspannter Urlaub ist für die Familie so nicht möglich.
- Beim Besuch bei der Freundin der Mutter klettert das 3-jährige Kind erst auf das Lowboard im Wohnzimmer. Dann holt es eine Ölflasche aus dem offenen Regal in der Küche und hämmert damit auf den Küchenboden. So folgt eine Aktion auf die nächste, solange der Besuch dauert. Alles ist neu und spannend und muss erkundet werden. Die Regeln, die es zu Hause schon ritualisiert hat, funktionieren in der fremden Wohnung nicht, weil das Kind nicht zu der nötigen Übertragung in der Lage ist. Die Freundin zieht sich nach und nach von der Mutter zurück.
- Bei der Trauerfeier für die Freundin der Mutter ruft das 9-jährige Kind unpassende Kommentare laut in den Raum und verletzt mit seinen Äußerungen die Kinder und den Witwer der Verstorbenen. Die Mutter fährt weinend nach Hause, anstatt noch mit den anderen Freundinnen zum Kaffee mitzugehen, um die Familie der Verstorbenen nicht noch mehr zu belasten. Ihre Teilhabe ist eingeschränkt.
- Beim Grillfest in der Schule der Schwester geht das 6-jährige Kind mehrfach verloren, weil der Platz nicht eingezäunt ist und es gerne auf Entdeckungsreise geht. Es folgt jedem Impuls, rennt jedem Schmetterling nach und muss wiederholt gesucht werden. Bei weiteren Sommerfesten bleibt ein Elternteil mit dem Kind zu Hause.
- Im Museum fasst das 8-jährige Kind alles an – auch die Kunstwerke. Die Familie muss das Museum verlassen und sieht von weiteren Museumsbesuchen ab.
- Theaterbesuche sind den Eltern nicht möglich, weil kein Babysitter mit dem 8-jährigen Kind zurechtkommt. Das Kind hört nicht auf den Babysitter und kommt mit der Veränderung und den Übergängen insgesamt nicht zurecht. Mancher Babysitter kommt nach dem ersten Einsatz in der Familie nicht wieder und nimmt lieber leichtere Jobs in anderen Familien an. Die Eltern verzichten auf Theaterbesuche.
- Besuche von Freundinnen und Freunden der Geschwisterkinder sind davon geprägt, dass das 10-jährige Kind mitspielen will, dabei sein will, sich aufdrängt und den Besuch distanzlos für sich bean-

spruchte. „Sara ist auch meine Freundin." Dies geschieht auch bei Besuch, der zum ersten Mal im Haus ist und viel älter als das Kind selbst ist. Die Schwester lädt immer seltener Freundinnen zu sich ein. „Bei uns können wir nicht spielen."

- Bei Familienfeiern fängt das 9-jährige Kind wegen Reizüberflutung nach einer Stunde an zu schreien und zu flippen[10]. Die Familie muss Feiern wiederholt vorzeitig verlassen.

In diesen Beispielen, die viele Familien so oder ähnlich kennen, ist die Teilhabe der Familie am gesellschaftlichen Leben erschwert, eingeschränkt oder nicht möglich.
Wie stark die Teilhabe einer Familie konkret eingeschränkt ist, ist ein Faktor, der das Belastungserleben der Familie stark mitprägt. Keine Empfänge geben zu können, ist für Geschäftsleute ein großes Problem, für Angestellte ist es vielleicht weniger problematisch. Auf Sportvereine und Pauschalurlaub zu verzichten, trifft einige schwer, andere haben daran kein Interesse und können leicht auf diese Art der Teilhabe verzichten.

Die eigene Freizeitgestaltung, sei es Kultur, Sport oder ehrenamtliches Engagement, scheitert oft schon daran, dass viele Jahre lang immer die Aufsicht oder Betreuung organisiert werden muss. Das Kind kann vielleicht auch mit 10 Jahren noch nicht allein bleiben. Der Familienurlaub kann nicht frei nach den eigenen Wünschen und Vorstellungen gestaltet werden, sondern muss auf die Ressourcen des Kindes mit Behinderung zugeschnitten werden. „Ich wollte immer mal nach Barbados, doch bis Ostfriesland komm ich bloß …"[11] – davon können viele Eltern von Kindern mit Behinderung wirklich ein Lied singen. Nicht selten wird auch nach der Geburt oder Aufnahme eines Kindes mit Behinderung der Freundeskreis kleiner.

---

10 **Flippen:** Abgeleitet vom umgangssprachlichen Ausdruck „flippig" benutze ich den Begriff „flippen" für bestimmte Verhaltensweisen bei Kindern mit FASD. Diese treten meist im Zusammenhang mit Überreizung, Überforderung und Erschöpfung auf und sind neurologisch bedingt. Flippen meint Verhaltensweisen, die von Außenstehenden als seltsam, ungebräuchlich, schrill, schräg, merkwürdig, aufgedreht, wunderlich und eigentümlich wahrgenommen werden. Als Kind der 1970er-Jahre habe ich, wenn ein Kind mit FASD flippt, eine Kugel im Flipper vor Augen, der ein kleiner Anreiz genügt, um wie wild hin- und herzuspringen. Um sie zu lenken und wieder einzufangen, sind Fingerspitzengefühl und manchmal auch Glück nötig. Bösartig ist die Kugel nicht. Wenn auf den Knopf gedrückt wird, kann sie gar nicht anders. Das bedeutet der Ausdruck „flippen". Flippen fordert dazu heraus, die Bedürfnisse und Grenzen des Kindes in den Blick zu nehmen.

11 Reinhardt Mey, Ich wollte immer mal nach Barbados, Album: Hergestellt in Berlin, 1985

Dass dies eine behindertenpolitisch relevante Beobachtung ist, die auch verdeutlicht, wie weit wir insgesamt von der inklusiven Gesellschaft noch entfernt sind, hilft den betroffenen Familien indes nicht weiter.

Für das Belastungserleben der Eltern ist zudem noch die Dauer dieses Zustandes entscheidend. Kommt ein Baby oder ein Kleinkind in die Familie, erwarten die Eltern in der Regel, dass in den ersten ein bis drei Jahren ihre soziale und kulturelle Teilhabe am gesellschaftlichen Leben eingeschränkt sein wird. Bringt das Kind eine Behinderung mit, kann diese Zeitspanne mitunter sehr viel länger dauern.

Die Pflege- und Betreuungsarbeit für ein Kind mit FASD kann zudem konkrete Auswirkungen auf die Berufstätigkeit von Mutter oder Vater haben. Mütter oder Väter müssen manchmal für einen sehr viel längeren Zeitraum beruflich zurückstecken, als sie es in ihrer Lebensplanung vorgesehen haben. Ein Vater arbeitet z. B. nur noch im Homeoffice, eine Lehrerin verzichtet auf die Beförderung zur Schulleiterin oder ein Elternteil gibt die Berufstätigkeit ganz auf. Die Hauptlast in der Betreuung und Förderung des Kindes liegt, auch aufgrund noch fehlender FASD-spezifischer Angebote, bei den Müttern und Vätern. Der Verzicht auf ein eigenes Berufsleben als erwachsene Person bedeutet dabei nicht nur eine aktuelle Einschränkung der Teilhabe am gesellschaftlichen Leben, sondern auch, dass finanzielle Verluste und geringere Versorgungsansprüche im Rentenalter zu erwarten sind.
Ob und wie die Eltern mit ihrer beruflichen Situation zufrieden sind, ob ausreichend finanzielle Mittel zur Verfügung stehen oder ob die Behinderung FASD auf diesem Weg die Ressourcen der Familie einschränkt, hat Auswirkungen auf das gesamte System Familie, auf die Eltern sowie auf die Geschwisterkinder.

Insgesamt haben die Teilhabeeinschränkungen durch die Behinderung FASD in ihrer Gesamtheit Einfluss auf das Leben der gesamten Familie. Nicht nur das Kind mit FASD selbst muss auf Dinge verzichten, die für Kinder ohne Behinderung selbstverständlich sind. Auch seine Eltern und Geschwister werden in ihren Teilhabemöglichkeiten eingeschränkt. Das heißt: **Eltern und Geschwister sind von FASD betroffen.**

1.5 Zeitaufwand für Therapie und Co.

Wie wir gesehen haben, ist FASD noch nicht überall ausreichend bekannt und ganz selbstverständlich anerkannt. FASD-Fachambulanzen und spezialisierte Praxen gibt es inzwischen in ganz Deutschland, aber der Weg für die betroffenen Eltern ist in der Regel um ein Vielfaches weiter als zum nächsten SPZ. Ist in einem konkreten Fall das SPZ vor Ort nicht auf FASD eingestellt und verfügt es nicht über die notwendige Expertise, können deshalb weite Wege von 100 km oder mehr auf die Eltern zukommen. Dies bedeutet insgesamt, ganz unabhängig vom Energie- und Kraftaufwand, einen hohen Einsatz der Ressource Zeit.

Der wöchentliche Zeitaufwand für Therapien wie z.B. Ergotherapie, Hippotherapie oder Physiotherapie kommt noch hinzu. Und auch die Suche nach Therapeutinnen und Therapeuten, die sich auf FASD einlassen können oder sich mit den Besonderheiten des Syndroms auskennen, bedeutet für Eltern häufig den Einsatz von viel Zeit.

Ob und inwiefern dieser Zeitaufwand eine Belastung für das Familienleben darstellt, hängt von verschieden Faktoren ab:

- Haben sich die zukünftigen Pflege- oder Adoptiveltern in der Bewerbungsphase bereit erklärt, evtl. auch ein Kind mit Behinderung aufzunehmen? War das Zusammenleben mit einem Kind mit Behinderung für die zukünftigen Eltern grundsätzlich vorstellbar?
- Wussten sie von dem hohen Zeitaufwand?
- Können die Eltern den großen Zeitaufwand organisatorisch stemmen?
- Wie alt sind die Geschwisterkinder? Sind sie Kleinkinder und brauchen deshalb ebenfalls viel Support? Oder sind sie Grundschulkinder oder Teenager, die schon sehr selbstständig sind?

Gerade wenn Kinder mit FASD „blind vermittelt" werden, also z.B. ohne einen möglichen Verdacht auf FASD zu kommunizieren, ist es dem Zufall überlassen, ob die Familie diesen Aufwand leisten kann oder nicht. Hier spielt die Frage nach dem Alter der Geschwisterkinder eine Rolle. Passt die Altersstruktur der Geschwisterkinder zur Aufnahme eines Kindes mit FASD? Eine bewusste Vermittlung eines Kindes mit FASD oder eine bewusste Entscheidung, nach einem Kind mit FASD noch zwei Geschwisterkinder zu bekommen, ist für die betroffenen Familie etwas ganz anderes, als von FASD überrascht und überrannt zu werden.

1.6 Verkraften der Diagnose

Viele Eltern haben sich schon im Vorfeld über FASD informiert, wenn ihr Kind die Diagnose von einer FASD-Fachambulanz oder einem FASD-Fachzentrum erhält. Dennoch ist der Augenblick der Wahrheit auch für sie ein besonderer Moment.

> ***Eine Familie nimmt ein Kind im Alter von 3 Jahren auf.*** *Schnell wird klar, dass dieses Kind anders ist und eine andere Pädagogik braucht.*
> *Intuitiv stellen die Pflegeeltern ihre Pädagogik um, reduzieren ihre Ansprüche und unterstützen das Kind ressourcenorientiert nach seinen Möglichkeiten.*
> *Der Pflegekinderdienst schließt FASD aus, weil er meint, alle diese Kinder hätten entstellte Gesichter und sichtbare Gaumenspalten. Die Kinderpsychiaterin schließt FASD aus, denn nur Alkoholikerinnen bekämen Kinder mit FASD.*
> *Schließlich bittet die Grundschule die Eltern, abzuklären, welche Diagnose vorliegt, denn das Verhalten des Kindes ist speziell und wirft in den Augen der Schule Fragen auf: Z. B. kann das Kind, dem Stoff kaum folgen, kann am Ende der ersten Klasse das Alphabet nicht, ist extrem reizoffen und geht oft verloren, sogar auf bekannten Wegen innerhalb der Schule.*
> *Die Eltern greifen als Erstes die Frage nach FASD wieder auf und lesen sich in die Materie ein. Sie wenden sich an eine FASD-Ambulanz.*
> *Alles spricht dafür, dass die Diagnose FASD wohl gestellt werden wird: ein zu geringes Geburtsgewicht, kleine Größe, kleiner Kopfumfang, verstrichenes Philtrum, fehlendes Oberlippenrot, verkürzte Lidspalte, tiefsitzende Ohren, verkrümmte Finger, Probleme mit der Motorik u. v. m.*
> *Nach der Mitteilung der Diagnose sitzt die Mutter dennoch 1,5 Stunden auf dem Parkplatz vor dem Institut und weint. Erst dann kann sie nach Hause fahren.*

Alle Eltern wünschen sich gesunde Kinder. Sie gehen mit guten Wünschen und Zielen für ihre Kinder an den Start, wie eine gute Ausbildung, ein unbeschwertes Leben, Glück und Erfolg. Der Moment der Diagnosemitteilung ist der Augenblick, in dem ausgesprochen wird, dass dieses Kind anders ist und einen anderen Weg gehen wird.

Für manche Eltern ist es ein Moment der Trauer, der Verunsicherung oder sogar ein Schockmoment, wenn sie von der Behinderung ihres Kindes erfahren. Fachleute sprechen hier sogar ausdrücklich von einem Diagnoseschock.[12]

Für Familien mit Kindern mit FASD ist es meist ein Gefühlsmix, der auf sie zukommt:

- Trauer über die verlorenen Jahre
- Trauer über viel unnötigen Stress, Ärger und Kämpfe um Dinge, die das Kind gar nicht lernen konnte
- Trauer darüber, dem Kind jahrelang nicht gerecht geworden zu sein
- Wut auf die Fachkräfte, die FASD nicht gesehen haben
- Wut auf den Vormund, der der Diagnostik erst nach Jahren zustimmt
- Schuldzuweisungen in alle Richtungen, bei leiblichen Eltern auch gegen sich selbst

Andererseits erleben viele Eltern von Kindern mit FASD schon vor dem Stellen der Diagnose keine unbeschwerte Entwicklung ihrer Kinder. In der Regel werden die Probleme bei nicht erkanntem FASD immer größer, je älter das Kind wird, und das Belastungsniveau für die ganze Familie steigt stetig. Eltern stehen immer wieder vor der Frage nach dem „Warum". Sie vermissen z. B. klare Informationen über den Grund für die Verhaltensauffälligkeiten und machen sich Sorgen um die Zukunftsperspektive ihres Kindes.

Darum sind Eltern manchmal auch regelrecht erleichtert, wenn die Diagnose FASD endlich gestellt wird. Nach der Diagnostik macht Vieles plötzlich Sinn und die Eltern können Verhaltensweisen und Probleme verstehen, die in der Vergangenheit unerklärlich waren.

1.7 Verhaltensbesonderheiten des Kindes durch FASD

Kinder mit FASD sind sich in vielem ähnlich, aber dennoch sehr unterschiedlich in ihrer Entwicklung.
FASD ist – wie der Name schon sagt – eine Spektrumstörung. Die einzelnen Kinder sind deshalb sehr unterschiedlich in Bezug auf ihre Probleme, aber auch in Bezug auf ihre Ressourcen und Fähigkeiten.

12 Thimm, Wachtel, 2002, S. 12

Für den Alltag der Familie kommt es konkret darauf an, auf welchem Stand ihr Kind genau ist:

- Wie auffällig oder anstrengend ist das Kind bei Unternehmungen außer Haus?
- Läuft es weg oder „hin"?
- Hat es „Nein" und „Stopp" schon verinnerlicht?
- Bettelt es mit 14 Jahren noch an der Supermarktkasse?
- Muss es wöchentlich 1- bis 3-mal aus der Schule abgeholt werden, weil es flippt?
- Tobt oder schreit es am Abend, wenn alle anderen Familienmitglieder eigentlich zur Ruhe kommen möchten? Wann genau und wie lange?
- Kann es zur Ruhe kommen?
- Wie alt ist das gefühlte Alter des Kindes, nicht das tatsächliche auf dem Papier?
- Kann es mit 12 Jahren auch mal allein zu Hause bleiben?
- Wie ist die Compliance[13] des Kindes? Akzeptiert es seine Behinderung als Teil seines Lebens? Nimmt es Hilfen an?
- Welchen Grad der Selbstständigkeit hat das Kind schon erreicht?

Der Entwicklungsstand und die FASD-bedingten Symptome, wie z. B. die seelisch-geistig Reife, die Häufigkeit der Impulsdurchbrüche und die Frequenz und Ausprägung des aggressiven Verhaltens, sind insgesamt entscheidend dafür, wie stark sich Eltern und Geschwister durch die Behinderung FASD als belastet empfinden.

13 **Compliance:** Im medizinisch-therapeutischen Bereich meint Compliance die Deckungsgleichheit von ärztlichem/therapeutischem Rat mit dem Handeln des Patienten. Compliance bei Kindern mit FASD ist die Bereitschaft des Kindes, die nötigen Hilfen (z. B. Piktogramme, Orthesen, Medikation) anzunehmen und aktiv mitzuarbeiten.

2 Behindert sein und behindert werden

Deutschland hat in der Tat Zeiten erlebt, in denen es eine Frage auf Leben oder Tod war, als Kind mit Behinderung geboren zu sein.

Das sogenannte „Euthanasie-Programm“ in der Zeit der NS-Diktatur ist wohl die schlimmste Ausprägung behindertenfeindlichen Denkens. Als Mensch mit Behinderung eingestuft zu werden, konnte also in unserer gar nicht so fernen Vergangenheit für Menschen mit Behinderung ernsthafte Konsequenzen haben.

Zum Weiterlesen:

- Geschichte der Inklusion in der BRD und der DDR seit 1945:
  www.inklusion-als-menschenrecht.de
  www.lebenshilfe.de/ueber-uns/geschichte-der-lebenshilfe
  www.lv-koerperbehinderte-bw.de
- Rechte von Pflegekindern mit Behinderung:
  Bundesverband behinderter Pflegekinder e.V.
  www.bbpflegekinder.de/verband/positionen

Der Fokus verlagerte sich in der 2. Hälfte des 20. Jahrhunderts von der Auffassung, Menschen mit Behinderung müssten „verwahrt“ werden, immer mehr zur Vorstellung der Förderung, Rehabilitation und Inklusion von Menschen mit Behinderung. Die Bundesvereinigung Lebenshilfe e.V. wurde 1958 und die „Aktion Sorgenkind“ (heute „Aktion Mensch“) 1964 gegründet. Eine Schulpflicht für Kinder mit geistiger Behinderung gibt es seit dem 01.04.1965. Das Recht von Pflegekindern mit Behinderung z.B. auf das Aufwachsen in einer Familie ist noch nicht viel länger als ein Jahrzehnt im Fokus.[14]
Erst in den letzten 20 Jahren begann ein Umdenken bei Menschen ohne Behinderung im Hinblick auf Menschen mit Behinderung.

International wurde die **UN-Behindertenrechtskonvention** (UN-BRK) erarbeitet und 2001 verabschiedet. Im März 2009 trat sie auch in Deutsch-

14 Ina Gabriel u. Sandra Geisenheyner: Geistige Behinderung, Quelle: www.sonderpaedagoge.quibbling.de

land in Kraft. Seitdem gibt es hierzulande einen langwierigen und zum Teil schwierigen Weg, aus der UN-BRK nationales Recht zu machen. Nicht-Diskriminierung, Chancengleichheit, Selbstbestimmung und Inklusion sind keineswegs in allen Bereichen ihres Lebens für Menschen mit Behinderung erreicht.[15]

Schon vor der Entstehung der UN-BRK gab es durch die Weltgesundheitsorganisation (WHO) Versuche, international einheitlich eindeutig beschreibende Kriterien aufzustellen, wann ein Mensch (abgesehen von der klassischen ärztlichen Diagnose) als eingeschränkt in seiner Teilhabe anzusehen ist.

Dafür wurde ein System entwickelt, das heute als International Classification of Functioning, Disability and Health (ICF) auch in Deutschland anerkannt ist und angewandt wird.

Die aktuelle Ausgabe der ICF (von 2001/Deutschland 2005) benutzt vier Begrifflichkeiten, die miteinander in Beziehung stehen und miteinander zu bewerten sind, wenn es um die Art und Schwere einer Behinderung geht:

1. **Körperfunktionen**
2. **Körperstrukturen**
3. **Aktivität und Partizipation (= Teilhabe)**
4. **Umweltfaktoren und personenbezogene Faktoren**

Körperfunktionen (1.) und Körperstrukturen (2.):

- beziehen sich darauf, ob im Körper alles so funktioniert, wie es soll, bzw. so aussieht, wie es normalerweise aussieht.
- Bei einer Störung oder Abweichung spricht die WHO von einer Schädigung = engl. Impairment.

Aktivität und Partizipation (3.):

- beziehen sich darauf, was ein Mensch von sich aus tun möchte, bzw. was er mit anderen gemeinsam unternehmen möchte.

15 Deutsches Institut für Menschenrechte, Monitoring-Stelle UN-BRK, Art.: Die UN-Behindertenrechtskonvention

- Wenn dies aufgrund seiner Problematiken nicht möglich ist, spricht die WHO von Einschränkungen seiner Teilhabe = engl. Restriction of Participation.

Umweltfaktoren und personenbezogene Faktoren (4.):
- sind die materiellen und sozialen Bedingungen sowie
- die Einstellung der Gesellschaft im Lebensumfeld und
- die persönlichen Eigenschaften des Menschen mit Behinderung

Beispiel:
Ein Mensch ist nach einem Unfall dauerhaft querschnittgelähmt. Er ist also sowohl in seinen **Körperfunktionen** (Gehen) als auch in seinen **Körperstrukturen** (gelähmte Beine) geschädigt. Um also seine **Aktivität und Partizipation** so weit wie möglich wieder herzustellen, braucht er Hilfsmittel und finanzielle und personelle Unterstützung (Rollstuhl, Assistenz, Lebensunterhalt). Auch muss die persönliche Umgebung und die Umwelt so gestaltet sein oder werden, dass eine ungehinderte Teilhabe am beruflichen oder gesellschaftlichen Leben möglich ist (behindertengerechte Wohnung und Arbeitsplatz, die Möglichkeit mit dem Rollstuhl Einkäufe und Ämterbesuche zu erledigen usw.).

Wenn auch nur ein Teil dieser Möglichkeiten nicht gegeben ist oder geschaffen werden kann, wird ein Mensch nach der ICF als an Aktivität und Partizipation behindert bezeichnet.
Nach der Idee des sehr detaillierten Einstufungsschemas der ICF soll damit klar werden, dass nicht allein eine körperliche oder seelische Problematik einen Menschen als behindert klassifiziert. Sondern die nicht vorhandenen Hilfen, die nicht individuell angepassten persönlichen Möglichkeiten oder die nicht angepasste Umwelt „behindern" ihn in den Möglichkeiten der Teilhabe am sozialen und gesellschaftlichen Leben.
Der Slogan „Wir sind nicht behindert – wir werden behindert" meint genau das und wurde in der UN-BRK als Grundidee aufgenommen und konkretisiert.[16]

16 Die UN-Behindertenrechtskonvention, Artikel 1, Zweck. Zitiert nach „Die UN-Behindertenrechtskonvention" hrsg. v. Beauftragten der Bundesregierung für die Belange von Menschen mit Behinderungen

Jede Art von Behinderung ist nicht nur ein individuelles Schicksal, sondern eine gesellschaftliche Aufgabe, an deren Verringerung und Beseitigung Politik und Gesellschaft arbeiten müssen.

In Deutschland wurde in der Überarbeitung des **Sozialgesetzbuches IX** (SGB IX) der UN-Behindertenrechtskonvention Rechnung getragen.

SGB IX § 2(1):
[1]Menschen mit Behinderungen sind Menschen, die körperliche, seelische, geistige oder Sinnesbeeinträchtigungen haben, die sie in der Wechselwirkung mit einstellungs- und umweltbedingten Barrieren an der gleichberechtigten Teilhabe an der Gesellschaft mit hoher Wahrscheinlichkeit länger als sechs Monate hindern können. [2]Eine Beeinträchtigung nach Satz 1 liegt vor, wenn der Körper- und Gesundheitszustand von dem für das Lebensalter typischen Zustand abweicht. [3]Menschen sind von Behinderung bedroht, wenn eine Beeinträchtigung nach Satz 1 zu erwarten ist.

Ist FASD eine Behinderung?
Viele Menschen mit FASD sind nach den Kriterien der ICF, der UN-BRK und des SGB IX eindeutig als Menschen mit Behinderung einzustufen und anzuerkennen.
Vielen Eltern und Fachleuten fällt es dennoch schwer zu akzeptieren, dass FASD eine Behinderung ist.

„Du bist doch nicht behindert" oder „Das Kind ist nicht behindert" sind Sätze, die ich in verschiedenen Kontexten immer wieder in der Beratung und in Seminaren höre. Die Absicht dahinter ist meist der Versuch zu helfen. Die Einstufung als „Kind mit Behinderung" soll vermieden werden, um Schlimmeres zu verhindern. Denn ein Kind mit Behinderung zu sein, wird als Stigmatisierung und Ausgrenzung empfunden.

FASD wird in Deutschland – auch im Sinne des Behindertenrechts – noch nicht ausreichend berücksichtigt.

Viele Kinder und Erwachsene mit FASD bekommen häufig keine Diagnose und damit einhergehend oft auch keinen Zugang zu passenden Hilfen. Damit werden vermutlich Hunderttausende von Kindern, Jugendlichen und Erwachsenen mit Behinderung von den Leistungen der Behindertenhilfe und von Integrationsleistungen für Menschen mit Behinderung ausgeschlossen.

Aus der Praxis:

In Elternhäusern und im professionellen Kontext wird leider immer noch zu häufig versucht, FASD mit pädagogischen Mitteln zu „heilen". Menschen mit FASD sollen lernen, kein neurologisch-bedingtes Verhalten zu zeigen. Dazu werden z. B. Erklärungen, reflektierende Gespräche, Tadel oder Konsequenzen wie Medienverbote eingesetzt:

- „Jetzt spürt sie eben die Konsequenzen. Sie hat die Hausordnung doch unterschrieben."
  Romy ist 20 Jahre alt und versteht nicht, was Privateigentum ist. Sie „stiehlt". Das Wohnheim kündigt ihr.
- „Dann muss sie das eben lernen. Selbst schuld."
  Susi ist 13 Jahre alt und vergisst immer wieder, wie man sich die Haare wäscht. Sie erhält keine Anleitung und im Bad hängen keine Piktogramme zur Gedächtnisunterstützung. Sie wird von den Mitschülerinnen wegen der mangelnden Körperpflege gemieden.
- „Ich verlange nur, was man mit 15 Jahren von jedem erwarten kann!"
  Torben geht in der City einer Großstadt immer wieder verloren und wird wegen der Verspätungen mit Konsequenzen belegt.
- „Die streunt jeden Tag. Sollen wir sie etwa noch belohnen?"
  Ulla ist 14 Jahre alt und geht täglich beim Umsteigen am Busbahnhof um 14.12 Uhr verloren. Sie findet den Bus nicht, wenn sie müde ist. Deshalb darf sie am Wochenende nicht beim Grillen dabei sein.
- „Der ist nachmittags nicht bereit, sich anzustrengen. Wir sind so enttäuscht von ihm."
  Victor ist 12 Jahre alt. Er steht ohne Hilfe morgens auf, packt die Schultasche, schafft den Schulweg, folgt gut dem Unterricht und schafft den Weg zurück nach Hause. Danach ist er erschöpft und kann nicht mehr.

Die Liste, was Kindern mit FASD zugemutet und was ihnen abverlangt wird, ist lang. Immer noch wird in viel zu vielen Fällen die Behinderung verleugnet und alles von ihnen verlangt, was bei einem gesunden Kind zu erwarten wäre.

Durch das Ausblenden von FASD und der durch FASD ausgelösten Teilhabeeinschränkungen kommt so täglich die Behinderung durch sogenannte Umweltfaktoren wie Leugnen, Kleinreden usw. zum FASD hinzu.

Um dieses Behindertwerden zu beenden, ist es notwendig, dass sich Eltern und Fachkräfte mit der Behinderung FASD auseinandersetzen.

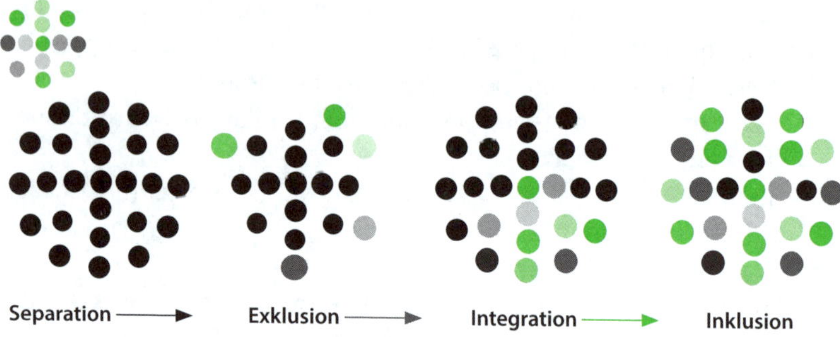

Abb. 1: Separation – Exklusion – Integration – Inklusion, modifiziert nach E. Zacherl – Adobe Stock

Wer davon ausgeht, dass Kinder mit FASD keine Kinder mit Behinderung sind, und ihnen so den Zugang zu Hilfen verwehrt, behindert Kinder mit FASD.
Es ist an der Zeit, die erheblichen Teilhabeeinschränkungen und Barrieren für Kinder mit FASD abzubauen. Dazu gehört insbesondere ein Umdenken von Eltern und allen Fachkräften, die mit FASD zu tun haben. Und dazu gehört der Zugang zu geeigneten Hilfsmitteln und Hilfen.

Die Förderung und Unterstützung von Kindern mit FASD im Sinne eines FASD-spezifischen Empowerments wie „Hilf mir, es selbst zu tun“ kann dann beginnen, wenn Kinder mit FASD nicht mehr behindert werden. Erst dann beginnt Inklusion.

Systemische Impulse für Eltern

- Was verbinden Sie mit dem Begriff Behinderung?
- Wo hatten Sie schon Kontakt mit Menschen mit Behinderung?

3 Als Eltern FASD annehmen

Yes, we can!

Diejenigen in der Familie, die für das Zusammenleben aller Familienmitglieder verantwortlich sind, sind zuallererst die Eltern. Sie sind das Fundament der Familie. Die Familie steht und fällt in gewisser Weise mit den Eltern. Darum führt unser Weg, dessen Ziel gute Bedingungen für die Geschwisterkinder in der Familie sind, über die Eltern.

Eltern erleben die Diagnose FASD als Schock, stellen sich leicht auf den Alltag mit FASD ein, brauchen viel Zeit, um umzudenken oder tun sich mit den Herausforderungen, vor die FASD sie insgesamt stellt, sehr schwer. Jede Mutter und jeder Vater bringt andere Erfahrungen, Fähigkeiten und Ressourcen mit. Jede und jeder geht nicht nur mit FASD, sondern ganz allgemein mit den Aufgaben des Lebens nach ihren und seinen Möglichkeiten anders um. Das ist völlig normal und anders geht es auch gar nicht.

Die allermeisten sozialen Eltern werden, genau wie die leiblichen Eltern, von FASD überrascht.

Aber auch wenn die Diagnose erst Jahre nach der Aufnahme oder Geburt des Kindes gestellt wird, ist es wichtig, wie Sie als Eltern mit der Herausforderung FASD umgehen. Die Frage, vor der Sie jetzt stehen, nachdem Sie ein Kind mit FASD geboren oder aufgenommen haben, ist die Frage nach der Basis, auf der Sie jetzt stehen. Es ist die Verantwortung und die Entscheidung der Eltern, mit FASD in der Familie zu leben.

Auch wenn Sie bei der Geburt oder Aufnahme des Kindes nicht „Ja" zu einem Kind mit FASD gesagt haben, können Sie dieses „Ja" jetzt nachholen. Die Vergangenheit lässt sich nicht mehr ändern. Aber die Zukunft können Sie gestalten.

3.1 FASD mit allen Facetten akzeptieren

Die Behinderung FASD zu akzeptieren ist für alle Eltern ein Prozess.
Der Prozess kann schnell durchlebt werden oder Zeit in Anspruch nehmen. Es kann ein leichter Weg sein oder ein Weg, der Eltern schwerfällt. Das Entscheidende bei diesem Prozess ist die Frage, ob Eltern „Ja" sagen können.

Als Eltern „Ja" zu sagen, heißt „Ja" zum Kind sagen zu können, so wie es ist – mit seiner Behinderung, mit seinem FASD. Zu allem, was FASD beim eigenen Kind ausmachen kann, „Ja" zu sagen. „Wir nehmen dich so an, wie du bist. Wir akzeptieren deine Behinderung und sind für dich da."

FASD mit allen Facetten zu akzeptieren, kann z. B. heißen, die Impulsdurchbrüche, das fehlende Zeitverständnis, das fehlende Verständnis für Privateigentum, die kulturelle Orientierungslosigkeit (das Kind weiß nicht, was sich gehört), die Schulschwierigkeiten und die seelisch-geistige Unreife im Alltag zu akzeptieren.

FASD mit allen Facetten zu akzeptieren, heißt aber z. B. auch, die Ungewissheit zu akzeptieren, nicht zu wissen, wie sich das Kind in Zukunft entwickeln wird. Was wird es erreichen können? Eltern eines Kindes mit FASD wissen nicht, welche Entwicklungsschritte noch möglich sind und wann ihr Kind sie gehen wird.

Bei einer hirnorganischen Schädigung wie FASD sind Beharrlichkeit, Ruhe und Geduld ausschlaggebende Faktoren für eine hilfreiche und stressfreie Begleitung und eine gute Förderung.

Je besser es Eltern gelingt, sich von ihren eigenen Wünschen und Zielen in Bezug auf das Kind freizumachen, desto eher können sie ihr Kind Schritt für Schritt ergebnisoffen auf seinem Weg begleiten.

Ein Ehepaar hat für das mittlere Kind die Diagnose FASD erhalten. Beide Eltern, alle Großeltern, Schwägerinnen und Schwager sind Akademiker/innen und beruflich erfolgreich. Ein Glas Wein zum Essen gehört zum Savoir Vivre in der Familie. In kleinen Mengen schade Alkohol in der Schwangerschaft nicht, heißt es. Das habe noch jede Generation so gehalten.
Das Paar hat sich intensiv mit FASD beschäftigt und in der erweiterten Familie (Verwandtschaft) heftige Debatten ausgelöst. Die Diskussion um Alkohol in der Schwangerschaft wird als ein Thema ausschließlich für Alkoholikerinnen angesehen.

Das Kind selbst ist erfolgreich in der Schule. Probleme gibt es nur sehr wenige. Gerade die Problematiken, die z. B. bei Pflege- und Adoptiv-

kindern für einen schlechten Langzeit-Outcome, d. h. Probleme im Erwachsenenalter, verantwortlich sind[17]*, wie z. B. Beziehungsabbrüche durch eine Unterbringungsodyssee oder Vernachlässigung in der Herkunftsfamilie, gibt es in dieser Familie nicht. Das Kind ist behütet aufgewachsen und wurde früh (intuitiv) FASD-gerecht gefördert.*

Obwohl es seitens des Kindes keinen Grund zur Sorge gibt, sind die Eltern völlig verzweifelt. Sie haben gelesen, dass Erwachsene mit FASD kriminell werden, sich verschulden, obdachlos werden und keiner Arbeit nachgehen. Sie gehen davon aus, dass alle Menschen mit FASD diesen Weg gehen, also auch ihr Kind.

FASD ist eine Spektrumstörung mit einer großen Bandbreite an Schädigungen, aber auch an Entwicklungspotenzialen. Deshalb sollten Eltern auch damit rechnen, dass ihr Kind sie positiv überrascht. Ein Kind mit FASD muss keine besonders ausgeprägte Problematik entwickeln und kann einfach seinen Weg gehen. Auch das ist eine Facette von FASD.

An manchen Stellen wird das Kind vielleicht auch scheitern. Als Kind, als Teenager oder als Erwachsene/r. Sicherheit gibt es auch in keinem anderen Leben. Wenn es Eltern gelingt, auch diese Facette von FASD zu akzeptieren, kann das Kind jetzt oder später „begleitet scheitern": „Was auch immer passiert, ich bin da."

Die Eltern selbst, ihre Nerven, ihre Kräfte, das Familienklima und die Geschwisterkinder können davon profitieren, wenn FASD in der Familie mit allen Facetten akzeptiert wird.

Der Schaden in der Schwangerschaft ist passiert. Die Frage nach dem „Warum" ist vielleicht für das Kind oder seine Geschwisterkinder wichtig zu verstehen. Die Frage nach dem „Warum" ist für Mütter und Väter wichtig, denn sie müssen mit der Schuld an der Behinderung des Sohnes oder der Tochter weiterleben. Und die Frage nach dem „Warum" ist wichtig für die nächste Schwangerschaft, in der anders mit Alkohol umgegangen werden kann.

17 Landgraf, 2019, S. 104

Was Eltern jetzt für dieses Kind tun können, ist „Ja" zu sagen.

FASD mit allen Facetten zu akzeptieren kann bedeuten, dass der Stress in der Familie weniger wird – für alle Familienmitglieder. FASD zu akzeptieren kann der erste Schritt sein, um zu lernen, mit FASD zu leben. Und als Eltern FASD zu akzeptieren kann es für das Kind mit FASD und seine Geschwisterkinder leichter machen, sich selbst bzw. den Bruder oder die Schwester so zu akzeptieren, wie er/sie ist.

FASD zu akzeptieren kann für Eltern bedeuten, dass sie an dieser Stelle aufhören dürfen zu kämpfen.

3.2 Anpassung an die neue Situation nach der Diagnosestellung

Nachdem die Diagnose FASD bei Ihrem Kind gestellt wurde, stehen Sie vor einer ganz neuen Situation, in der auf einmal nicht mehr gilt, was bisher gegolten hat.

Ähnlich wie bei einer Autismus-Spektrum-Störung (ASS) kommt es auch bei FASD darauf an, dass sich das Umfeld und die Eltern auf FASD einstellen.

Das heißt für Eltern vor allem, dass sie umdenken müssen.

Ein Kind mit FASD braucht zunächst eine FASD-spezifische Pädagogik. Eine moderne, „normale" Pädagogik beruht auf Erklärungen und Konsequenzen, die zum gewünschten Verhalten führen sollen. Um im Bild der „Expedition Familie und FASD" (s. S. 11) zu bleiben: Wenn Sie diese „normale" Pädagogik zum Equipment für Ihre Expedition machen, ist es, als wollten Sie mit der Ausrüstung für einen perfekten Tag am Strand auf den Mount Everest steigen. Es wird nicht funktionieren. Und Ihre Expedition wird scheitern.

FASD wird heute als neurologische Störung verstanden. Es ist bekannt, dass die Besonderheiten bei Menschen mit FASD hirnorganischen Ursprungs sind. Vieles, was Kinder lernen wollen, können Kinder mit FASD nicht lernen. Sie wollen so gut in der Schule sein wie ihre Geschwister. Sie wollen normal sein und nicht auffallen. Sie wollen sich so gut benehmen und sie wollen Freundinnen und Freunde haben wie ihre Geschwister, aber es gelingt ihnen oft nicht.

Eine FASD-spezifische Pädagogik berücksichtigt die neurologische Störung FASD und arbeitet mit dem FASD und nicht dagegen. Darum gehört unbedingt eine FASD-Pädagogik zur Ausrüstung der „Expedition Familie und FASD".

Nach der Diagnosestellung stehen Eltern deshalb vor der Aufgabe umzudenken und sich an FASD anzupassen, damit sie für ihren Weg, den Weg ihres Kindes und am Ende auch für die Unterstützung und Entlastung der Geschwisterkinder gut gerüstet sind:

- Bei der Strukturierung des Alltags und bei den Anforderungen, die im Alltag an das Kind gestellt werden, wird berücksichtigt, wo das Kind steht.
- Beim Schreien, Flippen und Weinen wird hinterfragt und geklärt, ob Überforderung die Ursache sein kann.
- Die Struktur muss bei FASD immer von außen kommen. Das heißt, vom Aufstehen bis zum Schlafengehen wird die Strukturierung jeder Situation für das Kind übernommen. Das Kind wird durch den Tag geführt. Die Bezugspersonen stellen sicher, dass das Kind immer weiß, was jetzt gerade dran ist und was von ihm erwartet wird.
- Die Entwicklung und die Entlastung des Kindes wird durch Unterstützte Kommunikation gefördert:
  - Durch die Verwendung der sogenannten „Leichten Sprache" wird dem Kind die Chance gegeben, besser an Gesprächen teilhaben zu können.
  - Durch Piktogramme kann das Kind besser verstehen, was es tun soll (z. B. Haare kämmen, Hausaufgaben machen etc.).
- Mit dem Einsatz von Piktogrammen wird das Gedächtnis entlastet und unterstützt.
- Durch Piktogramme werden gesunde Gehirnregionen aktiviert.
- Vorwürfe und Strafen für Gedächtnisausfälle haben in der FASD-spezifischen Pädagogik keinen Platz.

Je besser es Eltern gelingt, Stress und Überforderung zu reduzieren, desto größere Chancen auf Entwicklung ermöglichen sie ihrem Kind.

Ein überreiztes und überlastetes Gehirn kann sich schlechter entwickeln. Durch Reduktion wird dem Kind mehr Entwicklung ermöglicht.

Systemische Impulse für Eltern

- Wann mussten Sie sich schon einmal auf eine völlig neue Situation einstellen?
- Wie ist Ihnen das gelungen?
- Was hat Ihnen dabei geholfen?
- Was ist jetzt neu für Sie?
- Was ist ungewohnt?

Literaturtipps für Eltern zu FASD-Pädagogik

Susanne Falke, Sabine Stein:
Ein (Pflege-)Kind mit FASD – und glücklich!
Ein pädagogisch-therapeutischer Wegweiser, Schulz-Kirchner Verlag, ISBN: 978-3-8248-1216-5

Sabine Leipholz, Uwe Kamphausen:
Das FASD-Elternbuch, Hilfen und Strategien für Eltern und Kinder, Schulz-Kirchner Verlag, ISBN: 978-3-8248-1263-9

Hannah Bünemann, Michaela Fietzek, Manfred Holodynski, Reinhold Feldmann:
FAS-Erste-Hilfe-Koffer, Hilfen und Tipps zur Erleichterung des Alltags mit einem alkoholgeschädigten Kind oder einem Kind mit ähnlichen Verhaltensauffälligkeiten, Schulz-Kirchner Verlag, ISBN: 978-3-8248-1002-4

Annika Thomsen u. a.:
FASD – Fetale Alkoholspektrumstörungen
Auf was ist im Umgang mit Menschen mit FASD zu achten?
Ein Ratgeber, Schulz-Kirchner Verlag, ISBN: 978-3-8248-0888-5

3.3 Das Kind neu verstehen

Durch die Diagnose FASD haben Eltern die Chance, ihr Kind neu zu sehen und zu verstehen.

Nach der Diagnose FASD können Eltern Verhaltensweisen ihres Kindes, die sie vor der Diagnose als Problem eingestuft hatten, als normale FASD-Symptome verstehen, die hirnorganische Ursachen haben.
Das Kind ist nach wie vor das gleiche, aber die Perspektive der Eltern kann sich ändern. Sie verstehen das Verhalten ihres Kindes jetzt im Rahmen des FASD als behinderungsbedingt.

Die Systemische Beratung nennt das „Reframing" (engl. frame = Rahmen). Reframing bedeutet, etwas aus einer neuen Perspektive, in einem neuen Rahmen mit neuen Augen zu sehen. Reframing ermöglicht Eltern, das Verhalten des Kindes mit FASD anders zu verstehen und zu bewerten.

Aus der Praxis: Beispiele für Reframing bei FASD

Die Hausaufgaben, Tornister packen, Aufräumen, Aufgaben im Haushalt o. Ä. werden nicht erledigt oder nicht beendet. Bei FASD ist das ganz normal und immer wieder im Alltag zu erwarten.
Die Eltern verstehen diese Probleme im Rahmen von FASD neu und denken an:

- Gedächtnisprobleme
- Müdigkeit
- Überforderung
- Aufgabe nicht verstanden

Das Kind flippt regelmäßig nach der Schule beim Nachhausekommen. Bei FASD ist das ganz normal und immer wieder im Alltag zu erwarten. Die Eltern verstehen dieses Problem im Rahmen von FASD neu und denken an:

- Überreizung durch Lärm, Licht und grelles Umfeld (Deko) in der Schule
- Überforderung in der Schule
- Hirnfunktionsstörungen durch Reizüberflutung und Stress
- Kontrollverlust durch Erschöpfung

Das Kind stört z. B. Tischgespräche durch Redebeiträge, die nicht in den Zusammenhang passen. Es greift ein Stichwort aus dem Gespräch auf, z. B. Katze, und redet dazu, ohne auf den Zusammenhang zu achten. Bei FASD ist das ganz normal und immer wieder im Alltag zu erwarten. Die Eltern verstehen dieses Problem im Rahmen von FASD neu und denken an:

- Das Sprachverständnis ist eingeschränkt.
- Das Kind kann den Zusammenhang im Gespräch nicht richtig erfassen.
- Das Kind erfasst die Situation evtl. falsch. Ist es ernst, lustig, wichtig oder Smalltalk?
- Das Kind möchte (verständlicherweise) dennoch mitreden und teilhaben.
- Die Gruppensituation (Familie am Esstisch) ist insgesamt zu komplex und kann mit ihrer Lautstärke, der Körpersprache, der Mimik, Gestik und den Zwischentönen nicht so schnell erfasst werden.

Eltern können durch Reframing neue Möglichkeiten finden zu reagieren. Sie können z. B. aktiv nach Ursachen wie Überforderung, fehlendem Sprachverständnis oder mangelnder Impulskontrolle und nach Wegen und Lösungen suchen.

Das Reframen der FASD-Symptome reduziert den Stress und fördert ein ruhiges Familienklima.

Systemische Impulse für Eltern

- Was verändert sich, wenn Sie Flippen, Weinen oder Schreien reframen?
- Worüber müssen Sie sich noch ärgern?
- Welche Vorwürfe stehen noch im Raum?
- Was könnten Sie Ihrem Kind jetzt sagen?

3.4 Krisenmanagement

FASD ist für geübte Krisenmanager und Krisenmanagerinnen nur eine von vielen Krisen, die das Leben für sie bisher bereitgehalten hat. Das heißt, sie konnten Fähigkeiten entwickeln, auf die sie in jeder neuen Krise zurückgreifen können. Sie haben wahrscheinlich auch Resilienz entwickelt (Resilienz = nach dem Hinfallen aufstehen – Krönchen zurechtrücken – weitermachen).

Eine Mutter schildert, dass sie mit den Nerven am Ende ist. Sie weint. Ihr Kind (11 J.) hat gerade die Diagnose FASD erhalten. Zu Hause wurde bisher nicht FASD-gerecht vorgegangen. Die Probleme mit dem Kind sind von Jahr zu Jahr schlimmer geworden. Sie fühlt sich wie ausgebrannt. Sie sei in einer schweren Krise.
Ihr Kind ist das jüngste von 3 Kindern.
Am meisten belaste sie, dass ihre Kinder ohne FASD sie so sehen müssen. Eltern dürfen keine Krise haben, dass sei ein schlechtes Vorbild für die Kinder. Dadurch würden die Kinder auf alle Fälle Schaden nehmen.

Kinder lernen in der Familie für das Leben.

Sie lernen miteinander zu reden und Kompromisse zu schließen. Sie lernen zu streiten, zu verzichten und sich durchzusetzen. Das ist ihr Rüstzeug, das sie fit macht für ihren Weg durch das Leben. Das ist ihr Trousseau[18], das sie mitnehmen, wenn sie das Elternhaus verlassen.

Würden Kinder – mal angenommen, es gäbe das – 18 Jahre lang in einem „magischen" Haus aufwachsen, in dem es wie durch Zauber keine großen und kleinen Krisen gäbe, sondern alle immer nur zufrieden und glücklich wären, was hätten sie dann gelernt? Wären sie auf Streit auf dem Schulhof vorbereitet? Auf Diskussionen und das Ringen um Kompromisse? Und was würde ihnen helfen, die erste Krise in ihrem Berufs- oder Privatleben zu meistern, wenn sie bis dahin nicht wussten, dass das Leben nicht immer eitel Sonnenschein ist?
Wenn Eltern eine Krise – sei es durch eine FASD-Diagnose, einen Todesfall, eine Krankheit oder anderes – durchleben, dann können Kinder lernen, dass auch solche Zeiten zum Leben dazugehören.

18 „Trousseau" bezeichnet ursprünglich ein Bündel mit der Aussteuer, das eine Braut auf dem Rücken getragen hat, wenn sie das Elternhaus verließ.

Systemische Impulse für Eltern

- Wie haben Sie bisher Krisen in Ihrem Leben bewältigt?
- Welche Fähigkeiten haben Ihnen dabei geholfen?

FASD hält für Eltern eine bunte Mischung aus ganz verschiedenen Krisen bereit. Auf der Liste der „Top-10-Krisenherde“ der von FASD betroffenen Eltern stehen neben dem Umgang mit FASD im Alltag oft die Suche nach Unterstützung und Beratung, fehlende Entlastung, Schulprobleme und Probleme mit der ärztlichen Versorgung vor Ort.

So banal es klingt, in allem, was das Leben ausmacht, stecken neue Chancen und Möglichkeiten. Was nicht heißen soll, dass es wunderbar und nur positiv ist, wenn Eltern sich mit den vielen Baustellen rund um FASD abmühen, weil sie daraus so viele Chancen ziehen können. Aber in vielen Krisen steckt – bei allem, was daran schwer ist – auch oft noch etwas Anderes, das zu entdecken sich lohnen kann.

Ein Elternpaar ist selbst im Bereich Therapie qualifiziert und langjährig tätig. Vor der Aufnahme eines Kindes mit FASD gingen beide davon aus, dass es an den Eltern liegt, wenn ein Kind Probleme mit dem Sozialverhalten oder eine mangelhafte Körperpflege hat.
Durch ihr Kind mit FASD haben die Eltern dazugelernt und sehen die Grenze der Möglichkeiten, die Eltern tatsächlich haben, nun sehr deutlich. Wenn ihnen vor ihren eigenen Erfahrungen mit FASD eine Klientin oder ein Klient von Problemen, Ärger und Kommunikationsstörungen berichtet hat, glaubten sie, der Klient/die Klientin gehe die Sache eben ungeschickt an. Nach vielen Jahren Erfahrung mit den verschiedensten Ämtern in Sachen FASD haben die Eltern ihren Horizont erweitern können.
„Es ist, als hätten wir Deutschland neu kennengelernt. Bisher kannten wir nur die schicke Vorderansicht. Jetzt wissen wir, wie es ist, wenn man den Dienstboteneingang benutzen muss. Auf einmal waren wir die Bittsteller. Wir selbst wurden als Problem angesehen, wenn unser Kind mit FASD Hilfen brauchte. Wir wurden abgewertet und nicht ernst genommen. Selten war jemand wirklich daran interessiert, uns oder dem

Kind zu helfen. Das war eine ganz neue Erfahrung für uns, die – bei allem Frust – unseren Horizont erweitert hat."

Systemische Impulse für Eltern

- Welche Krisen hält FASD für Sie innerhalb der Familie bereit?
- Welche Krisen hält FASD für Sie in ihrem Umfeld bereit?
- Was davon erweitert Ihren Horizont?
- Welche neuen Erfahrungsfelder gibt es für Sie?

3.5 Vertrauen in die eigenen Fähigkeiten

Um FASD in der Familie zu managen und ein Kind mit FASD gut fördern zu können, ist es nötig, dass Mütter und Väter FASD in Theorie und Praxis gut kennen.

Es hilft im Alltag, wenn Eltern sicher im Umgang mit FASD sind und wissen, was warum bei einem Kind mit FASD hilfreich ist und was nicht hilft. Aber Fachkenntnisse zu FASD allein werden selten ausreichen, um FASD im Alltag und in der Familie managen zu können.

FASD-Kompetenz setzt sich aus einer ganzen Reihe von Fähigkeiten zusammen.

Die allermeisten Mütter und Väter bringen eine Vielzahl von Ressourcen mit, die ihnen im Alltag mit FASD in der Familie helfen. Aber häufig machen sich Eltern vorher gar nicht klar, welche Fähigkeiten sie schon mitbringen und täglich im Familienalltag nutzen.

Ressourcen für die Alltagsbewältigung mit FASD in der Familie sind z. B.:

- Abgrenzungsfähigkeit (Was ist meine Verantwortung und was nicht?)
- Anpassungsfähigkeit
- Belastbarkeit
- Durchhaltevermögen
- Durchsetzungsfähigkeit
- Flexibilität
- Fokussierung
- Frustrationstoleranz

- Humor
- Klarheit
- Kreativität
- Krisenfestigkeit
- Lernfähigkeit
- Lösungsorientierung
- Loslassen können
- „Nein" sagen können (auch wenn es bei den Kindern unbeliebt macht)
- Organisationstalent
- Selbstanerkennung
- Strukturiertheit
- Toleranz
- Zutrauen in die eigenen Fähigkeiten: Wir schaffen das!
- Zutrauen in die Fähigkeiten der Kinder
- Zuversicht
- …

Nicht jede Mutter und nicht jeder Vater hat und braucht alle diese Ressourcen. Das ist für den Familienalltag auch gar nicht nötig. Aber sich der eigenen Ressourcen und der ergänzenden Ressourcen der Partnerin/des Partners bewusst zu sein, kann mehr Gelassenheit und Sicherheit im alltäglichen FASD-Management bedeuten.

Systemische Impulse für Eltern

- Welche Ressourcen helfen Ihnen bei der Bewältigung des Alltags mit FASD?
- Welche Stärken hat aus Ihrer Sicht Ihre Partnerin/Ihr Partner?
- Was würden Ihre Kinder sagen? Was ist Ihre Stärke?

4 Die Mischung macht die Belastung für die Familien

Die Herausforderungen, vor denen Familien mit Kindern mit Behinderung in Deutschland stehen, sind in vielerlei Hinsicht ähnlich, ganz gleich um welche Behinderung es sich handelt. Auch Familien, deren Kinder z. B. die Autismus-Spektrum-Störung (ASS), das Downsyndrom oder einen seltenen Gendefekt mitbringen, befinden sich in einer vergleichbaren Situation. Die Belastung von Familien eines Kindes mit Behinderung setzt sich aus vielen Faktoren zusammen, die gemeinsam bestimmen, wie stark sich die Eltern als belastet erleben.[19]

Nicht jede Herausforderung im Alltag mit FASD ist deshalb immer auch eine Belastung für die jeweilige Familie. Was in der einen Familie als Belastung erlebt wird, entlockt einer anderen Familie vielleicht nur ein Schulterzucken. Das Belastungsniveau, also wie hoch die Belastung insgesamt erlebt wird, ist individuell von Familie zu Familie verschieden.

Für die Frage, ob die Belastung durch FASD von Eltern eher als groß oder gering erlebt wird, spielen die konkreten Verhaltensauffälligkeiten und die konkreten Fähigkeiten des Kindes mit FASD eine große Rolle.
Dazu bestimmen die konkrete soziale Umgebung, in der die Familie lebt, das konkrete Hilfesystem vor Ort sowie die Ressourcen, die Stärken und Fähigkeiten, die die Familie mitbringt, das Belastungsniveau der Familie.

Die Auswirkungen der Behinderung FASD auf die betroffenen Eltern und auf die betroffenen Geschwisterkinder ist deshalb immer im Kontext des familiären Systems, also im Kontext der jeweiligen Familie und ihres konkreten Umfeldes zu sehen.[20]

Diese individuelle Mischung aus den Herausforderungen, vor denen eine von FASD betroffene Familie innerhalb der Familie und in ihrem Umfeld steht, und den persönlichen Voraussetzungen der einzelnen Familienmitglieder macht die Belastung für die Familie aus.

Zu sagen, es sei für Familien belastend, mit einem Kind mit FASD zu leben, greift also zu kurz.

19 Möller, 2016, S. 6; Föltz, 2021, S. 71
20 Sarimski, 2021, S. 35

Denn nicht FASD allein macht die Belastung aus. Die Belastung setzt sich zusammen aus all dem, was von FASD betroffene Familien erleben und händeln müssen. Die Unbekanntheit von FASD spielt dabei ebenso eine Rolle, wie die Schwierigkeiten, Entlastung zu organisieren oder die Schwierigkeiten, adäquate Beratung zu finden.

Die Gesamtsituation, in der die Familie lebt, ihr konkretes Belastungsniveau und wie die Eltern damit umgehen, prägt auch das Aufwachsen der Geschwisterkinder.

Systemische Impulse für Eltern

Stellen Sie sich ein großes Mobile vor. Es hat verschiedene Ebenen und Verzweigungen. Wenn Sie einen der Anhänger anstoßen, hat das Auswirkungen auf das ganze Mobile. Alle Teile geraten in Bewegung, weil alle mit allen verbunden sind.

Wenn Sie sich Ihre Familie mit allen Familienmitgliedern und allen Menschen, die in ihrem Umfeld mit der Familie zu tun haben, wie z. B. Mitarbeitende der Ämter, der Schule, Bekannte und Verwandte, als Mobile vorstellen, wird deutlich:
Jede Veränderung, jede Bewegung, aber auch jeder Stillstand wirken sich auf alle aus.

- Wer beeinflusst in Ihrem Mobile die Geschwisterkinder?
- Wer sorgt für Bewegung?
- Wer sorgt für Blockaden?
- Wer sorgt für Sturm?
  - FASD?
  - Das Kind mit FASD?
  - Oder gibt es andere Anhänger, die Ihr Mobile durcheinanderwirbeln oder blockieren?

Was ist Ihr nächster Schritt? Möchten Sie sich mehr bewegen oder mehr ruhen? Es wird so oder so Auswirkungen haben.

Teil II: Aufwachsen als Geschwisterkind von Kindern mit FASD

Drei Viertel aller Kinder unter 18 Jahren wachsen in Deutschland mit Geschwistern in einem Haushalt auf.[21] Damit hat die überwiegende Mehrheit der Kinder Geschwister.

In Teil II „Aufwachsen als Geschwister von Kindern mit FASD" gehen wir Fragen nach dem Zusammenleben und Zusammenaufwachsen von Kindern mit Geschwistern mit und ohne FASD nach:

- Was bedeutet es für Kinder, Geschwister zu haben?
- Was bedeutet es für Kinder, Geschwister mit FASD zu haben?
- Was sind FASD-typische Herausforderungen für die Geschwisterkinder im Alltag?
- Ändert sich etwas im Zusammenleben der Geschwister durch FASD?
- Und wann sind die Eltern gefragt?

Anhand von konkreten Beispielen werden zentrale Fragestellungen in Geschwisterfragen rund um das Thema FASD aufgegriffen. Beispielhaft wird dabei aufgezeigt, wie aus dem Verstehen von FASD-bedingtem Verhalten Lösungswege für Geschwisterkinder werden können. Eltern erhalten konkrete Ideen für FASD-gerechte Interventionen, die die Geschwister entlasten und unterstützen können.

5 Geschwisterbeziehungen

Kinder wachsen in ihren Familien mit Geschwistern, Halbgeschwistern, Stiefgeschwistern, Adoptivgeschwistern oder Pflegegeschwistern auf.

Geschwisterschaft ist im juristischen Sinn ein Verwandtschaftsverhältnis, mit dem Verpflichtungen verbunden sind.

---

21 Statistisches Bundesamt, Pressemitteilung Nr. IV019, 08.04.2022

Solche Verpflichtungen sind z. B. die gemeinsame finanzielle Sorge für die Eltern im Alter oder die Pflicht, sich eines Tages um die Bestattung der Eltern zu kümmern. Adoptivgeschwister reihen sich hier rechtlich bei den Geschwistern ein und werden nicht von leiblichen Geschwistern unterschieden. Diese Verpflichtungen, die mit der Geschwisterschaft im Erwachsenenalter einhergehen, gibt es für Pflegekinder und -eltern so nicht. Der rechtliche Status von Stiefgeschwistern, aber vor allem von Pflegegeschwistern ist ein anderer.

Was bedeutet es, Geschwister zu haben, und was macht Geschwisterbeziehungen aus?

Die charakteristischen Merkmale von Geschwisterbeziehungen können auf Geschwister, Halbgeschwister, Stiefgeschwister, Adoptivgeschwister und Pflegegeschwister gleichermaßen zutreffen:

- Die Beziehung zu den Geschwistern ist die längste Beziehung im Leben. Die Geschwisterschaft ist unauflöslich. Auch wenn Geschwister 30 Jahre lang nicht miteinander sprechen, bleiben sie doch Geschwister.
- Geschwisterschaft bedeutet durch das Zusammenleben im Elternhaus ein hohes Maß an Intimität.
- Geschwisterschaft ist schicksalhaft.
- Geschwisterbeziehungen sind geprägt durch die Ambivalenz von Nähe und Distanz, von Verbundenheit und Konkurrenz.[22]

Darum ist sozial eine trennscharfe Definition von Geschwisterschaft kaum möglich und vielleicht auch gar nicht nötig.
Die Geschwisterbindung entsteht durch gemeinsame Erfahrungen und die gemeinsame Vergangenheit.[23] Die Kindheit geteilt zu haben, ist eine unverbrüchliche Gemeinsamkeit, die ein Leben lang in Erinnerung bleibt, Menschen für ihr Leben prägt und die so nie wieder kommt.

Geschwister teilen miteinander ihre Eltern, ihr Zuhause und ihre Kindheit. Geschwister teilen Tausende von Momenten. Sie teilen unzählige Mahlzeiten, Familienzeiten am Abend, Freizeit an den Wochenenden und in den Ferien. Und sie teilen Erinnerungen miteinander, an Weihnachten und Ge-

22 Möller, 2016, S. 62
23 Rufo, 2004, S. 20

burtstage, an die guten und die schlechten Kochkünste der Eltern und an Familienwanderungen, die im Chaos endeten.

Allen Geschwistern, seien es Adoptivgeschwister, Pflegegeschwister, Stiefgeschwister oder leibliche Geschwister, ist gemeinsam, dass sie sich einander nicht ausgesucht haben. Es ist schicksalhaft, wer unsere Geschwister sind. So wie man Eltern hat, hat man Geschwister.[24]

Bei jeder Neuankunft in der Familie, ob es sich dabei um ein Baby handelt, dass die Mutter zur Welt bringt, oder um den Einzug von Stiefgeschwistern oder Pflegegeschwistern, müssen sich die Geschwister untereinander neu arrangieren und ihre Stellung in der Gruppe der Geschwister neu aushandeln. Wird durch den Neuankömmling die Geburtenrangfolge, d.h. das Ranking der Geschwister nach ihrem Alter durcheinandergebracht, weil der Neuankömmling nicht das jüngste Kind ist, sind mehr Probleme über einen längeren Zeitraum zu erwarten.[25]

Diese Neufindung ist für die Kinder nicht einfacher, weil sie Kinder sind. Tatsächlich ist dieser Prozess für die Kinder schwieriger als für die Eltern, weil sie sich diese Lebensform nicht ausgesucht haben. Kinder leben das Leben ihrer Eltern mit. Aber es bleibt das Leben der Eltern, mit ihren Zielen, Vorstellungen und Entscheidungen.

In unserem Kulturgut finden sich zahlreiche Beispiele für Geschwisterbeziehungen. Die Geschichten erzählen von Eifersucht und Neid, aber auch von Verbundenheit und Zusammenhalt unter Geschwistern.

- In der Bibel erschlägt Kain seinen einzigen Bruder Abel, weil er neidisch auf die Aufmerksamkeit ist, die der jüngere Bruder Abel von Gott bekommt.[26]
- Josef wird von seinen Brüdern als Sklave an eine Händlerkarawane verkauft, weil die Brüder neidisch auf seine Bevorzugung durch den Vater sind.[27]
- Im Grimmschen Märchen „Das Waldhaus“ wird die jüngste Schwester die Ehefrau des Königssohns, weil sie die gestellte Aufgabe bewältigen

24 Rufo, 2004, S. 218
25 Kasten, 2020, S. 174
26 Die Bibel, Genesis 4,1–24
27 Die Bibel, Genesis 37,12–36

konnte, während ihre zwei älteren Schwestern Fehler gemacht haben und zur Strafe Mägde bei einem Köhler werden müssen. Die künftige Königin ist damit einverstanden. Sie begnadigt ihre Schwestern nicht. Die Konkurrenz unter den Schwestern hat sie gewonnen.[28]

- „Hänsel und Gretel" gehen miteinander durch eine schwere Zeit, geraten zusammen in Lebensgefahr und finden gemeinsam den Weg zur Rettung aus ihrer Misere.[29]

Für diese Märchen und Bibeltexte gilt gleichermaßen, dass ihnen allgemein menschliche Erfahrungen zugrunde liegen. Dagegen gehören „Ein-Herz-und-eine-Seele-Geschichten" von Geschwisterpaaren wie „Hanni und Nanni"[30] aus den 1960er-Jahren oder „Liv und Mia"[31] aus den 2010er-Jahren ins Reich der Fantasie. Immerwährende Einigkeit unter Geschwistern kommt unter realen Geschwistern selten vor.

Für Geschwisterbeziehungen ist aber gerade charakteristisch, dass sie von Nähe, Kooperation und Identifikation und zugleich von Aggression, Rivalität und Konkurrenz geprägt sind.[32]
Freundschaften werden abgebrochen, wenn sich zu viel Frust, Neid und Ärger aufstaut. Aber Geschwister können sich die Geschwisterschaft nicht aufkündigen. Im Gegensatz zur Geschwisterschaft wird keine Freundschaft auf Dauer verzeihen, was Geschwister einander mitunter zumuten. Für Geschwister gilt, dass man mit ihnen auskommen muss, auch oder gerade, wenn das nicht immer einfach ist.[33]

Deshalb sind Geschwister wichtige Sozialpartnerinnen und Sozialpartner füreinander.

Geschwisterkinder können miteinander Sozialkompetenzen erlernen, erweitern und erproben, ohne dass ein Beziehungsabbruch droht.[34] Damit bieten Geschwister einander zahlreiche Möglichkeiten zum sozialen Lernen im geschützten Rahmen der Familie.

28 Brüder Grimm, Kinder- und Hausmärchen, S. 725–731
29 Brüder Grimm, Kinder- und Hausmärchen, S. 100–108
30 Enid Blyton, Hanni und Nanni, Franz Schneider Verlag, ab 1965
31 Kerstin Gier, Silber Trilogie, Fischer Verlag, ab 2013
32 Möller, 2016, S. 62
33 Kasten, 2020, S. 108
34 Frick, 2015, S. 259; Sitzler, 2014, S. 16f.

Geschwister sind Vorbilder füreinander, auch wenn sie das nicht immer zugeben würden. Geschwister rivalisieren miteinander um die Aufmerksamkeit der Eltern und testen immer mal wieder aus, wo die Eltern in diesem Wettstreit stehen. Und Geschwister verbünden sich miteinander, um sich zu unterstützen und bestimmte Ziele zu erreichen.
Was für Freundschaften schon fast ein Widerspruch ist, ist für Geschwisterbeziehungen geradezu normal.
Geschwister probieren untereinander aus, wie Beziehungen aufgenommen werden können. Aber sie probieren auch untereinander aus, wie Konflikte ausgetragen werden können und wie weit sie gehen können.
Im Geschwisterkreis können Kinder sich unsozial verhalten und auf diese Weise lernen, testen und sich ausprobieren, ohne dass eine Freundschaft beendet wird. Sie müssen nicht fürchten, ausgeschlossen zu werden, wie das bei ähnlichem Verhalten z. B. im Sportverein vielleicht eher der Fall wäre. Sie testen, wie sie Grenzen setzen können und wie andere auf ihre Grenzen reagieren, ohne dass die Eltern zum Gespräch bestellt werden, wie es bei derartigem Verhalten in der Schule vielleicht der Fall wäre.

Und Geschwister spielen nicht zuletzt eine wichtige Rolle bei der Entwicklung und Festigung der eigenen Persönlichkeit und Identität der Heranwachsenden.

In einer Familie leben unterschiedliche Personen und Persönlichkeiten unter einem Dach – je größer sie ist, desto mehr. Damit haben Kinder in ihren Geschwistern andere Kinder als Vorbilder und Identifikationsfiguren zur Verfügung. Und gleichzeitig stehen ihnen durch ihre Geschwister verschiedene Persönlichkeiten zur Abgrenzung und Unterscheidung zur Verfügung.

In diesem Wechselspiel zwischen Ähnlichkeiten und Unterschieden gelingt es Kindern leichter, die eigene Persönlichkeit auszubilden.[35]

Indem sie sich mit den Schwestern und Brüdern vergleichen und die Unterschiede zwischen sich feststellen, finden Kinder leichter ihre „Nische“[36]: Was ist mein Alleinstellungsmerkmal? Was macht mich aus? Was bin nur ich?

35 Rufo, 2004, S. 47
36 Rufo, 2004, S. 235

Typischerweise sind Geschwister füreinander:

- Verbündete
- Vorbilder
- Konkurrenz
- Familie
- Sozialpartnerinnen und Sozialpartner
- Entwicklungshelferinnen und Entwicklungshelfer
- und vieles mehr

Die soziale Geschwisterschaft von Geschwistern, Halbgeschwistern, Stiefgeschwistern, Adoptivgeschwistern und Pflegegeschwistern ist damit ein Erprobungsfeld zur Unterstützung der sozialen, kognitiven und emotionalen Entwicklung der Kinder.[37] Geschwister ermöglichen einander damit soziales Lernen auf der Basis der Sicherheit der Geschwisterbeziehung.[38] Das macht Geschwister füreinander wertvoll.

Eine Geschwisterbeziehung, die aus „Nur-Harmonie", „Niemals-Eifersucht" oder „Keinerlei-Wettstreit" bestünde, wäre vielleicht für die Nerven der Eltern ein Gewinn, aber für die Geschwister ein Verlust.

Systemische Impulse für Eltern

- Was fällt Ihnen zum Stichwort Geschwister ein (ein oder zwei Worte)?
- Haben Sie selbst Geschwister?
- Zeichnen Sie einen Stammbaum Ihrer Familie über drei Generationen. Zeichnen Sie alle Kinder, Fehlgeburten, Adoptivkinder, Pflegekinder und Stiefkinder ein.
- Wie nah standen Ihnen Ihre Geschwister?
- Wie nah stehen Sie sich heute?
- Was verdanken Sie Ihren Geschwistern? Was haben Sie von ihnen oder durch sie gelernt?

37 Möller, 2016, S. 62
38 Rogge et al., 2021, S. 115

6 Aufwachsen mit Geschwistern mit FASD

Auch in der Geschwisterforschung spiegelt sich unsere Gesellschaft und ihr Umgang mit Menschen mit Behinderung wider.

In Zeiten, in denen Kinder mit Behinderung von ihren Familien getrennt und in Heimen untergebracht wurden und in denen Menschen mit Behinderung von der Gesellschaft separiert wurden,[39] ging auch die Geschwisterforschung davon aus, dass die Geburt eines Kindes mit Behinderung eine Art Störfall darstellt.[40]

Noch in den Studien der 1980er-Jahre wird nicht oder nicht genug differenziert. Dort wurde davon ausgegangen, dass alle Familien mit Kindern mit Behinderung gleich sind und die gleichen Erfahrungen machen. Es wurde nicht gesehen und nicht berücksichtigt, wie unterschiedlich die Familien leben und welchen Einfluss die verschiedenen Faktoren auch auf die Geschwisterkinder haben. Beispielsweise wurden die Art und das Ausmaß der Behinderung, der sozio-ökonomische Status der Familie, die Familiengröße, das Geschlecht und der Altersunterschied der Geschwister, das gesamte Umfeld der Familie, die vor Ort vorhandenen Hilfs- und Entlastungsangebote oder der Bildungsstand der Familie in der Geschwisterforschung nicht oder nicht ausreichend berücksichtigt.

Heute nehmen neuere Studien zunehmend diese vielen Einflussfaktoren in den Blick und beginnen zu differenzieren. Mehrheitlich konnte festgestellt werden, dass es in der Regel keine nennenswerten Unterschiede in der Entwicklung von Geschwisterkindern mit und ohne Geschwister mit Behinderung gibt.[41]

Was bedeutet es für Kinder, mit Geschwistern mit Behinderung aufzuwachsen?

Für die Geschwisterkinder ist nicht so sehr relevant, ob sie mit einem Kind mit Behinderung aufwachsen. Viel wichtiger ist die Frage nach der Belastungssituation der Familie insgesamt. Und diese setzt sich, wie wir gese-

39 Hackenberg, 2008, S. 82; Rufo, 2004, S. 26
40 Kasten, 2020, S. 177
41 Kasten, 2020, S. 177

hen haben, aus vielen Faktoren zusammen und kann nicht auf die Behinderung allein als Ursache reduziert werden.

Entscheidend ist demnach nicht die Behinderung an sich, sondern die Frage, wie wir als Gesellschaft mit Menschen mit Behinderung und ihren Familien umgehen.

Welche Faktoren innerhalb der Familie beeinflussen das Aufwachsen der Geschwisterkinder?

Im Hinblick auf die Lebenssituation der Geschwisterkinder innerhalb der Familie haben verschiedene Faktoren Einfluss auf ihre Entwicklung.

Werden die Geschwisterkinder vermehrt, aber noch in einem gesunden, vernünftigen Rahmen und freiwillig zu Betreuungsaufgaben herangezogen, hat dies mitunter sogar positive Auswirkungen auf ihre Entwicklung.[42] Das Aufwachsen mit Geschwistern mit Behinderung hat keinen Einfluss auf den Selbstwert der Geschwisterkinder, weder im positiven noch im negativen Sinne. In einigen Studien wurden sogar verstärkt soziale Einstellungen – wie z.B. Toleranz, Verständnis und Mitgefühl – bei Geschwisterkindern festgestellt.[43]

Beim Aufwachsen mit Geschwistern mit Behinderung spielen hingegen Aspekte eine Rolle, die vielleicht ganz selbstverständlich erscheinen, aber doch von großer Bedeutung sind.

- Dürfen die Geschwisterkinder wütend auf ihre Geschwister mit Behinderung werden?
- Wie viel Verantwortung müssen Geschwisterkinder für das Kind mit Behinderung tragen?
- Sind überwiegend die Geschwisterkinder für das Gleichgewicht in der Familie zuständig? Oder dürfen sie auch „schwierig" sein und sich den Eltern zumuten?

Keiner dieser Aspekte betrifft exklusiv Geschwisterkinder von Kindern mit Behinderung. Das Aufwachsen eines Kindes ist immer ein individueller

42 Hackenberg, 2008, S. 86
43 Hackenberg, 2008, S. 88ff.

Prozess, der stets von der jeweiligen Lebenssituation der Familie beeinflusst wird.

Gehört ein Kind mit Behinderung zur Familie, ist die Behinderung nicht der eine entscheidende Faktor, der allein bestimmt, wie sich die Geschwisterkinder entwickeln.

Es ist für die Entwicklung von Kindern nicht entscheidend, dass es ein Kind mit Behinderung in ihrem Leben gibt. Entscheidend ist, dass die Geschwisterkinder beim Aufwachsen von ihrer Familie begleitet werden, sich nach ihren Möglichkeiten entwickeln dürfen und mit ihren Fragen nicht allein sind.

Was bedeutet es für Geschwisterkinder, mit einem Kind mit FASD aufzuwachsen?

Mit einer Schwester oder einem Bruder mit FASD aufzuwachsen, bedeutet für die Geschwisterkinder, dass es zu Hause in mancher Hinsicht anders ist als bei ihren Freundinnen und Freunden. Es gibt zum Teil andere Regeln und ihre Geschwister mit FASD benehmen sich oft „besonders".

In vielerlei Hinsicht ist das Anderssein aber die Normalität für Geschwisterkinder von Kindern mit FASD. Sie nehmen ihre Geschwister so, wie sie sind. Und sie nehmen ihr Zuhause so, wie es ist. Das, was anders ist, fällt eher Eltern auf und wird von ihnen thematisiert. Denn um „Anderssein" zu definieren, braucht man einen Vergleich und eine Norm. Beides haben Kinder während ihres Aufwachsens nicht im Kopf. Wenn keine Erwachsene und kein Erwachsener, seien es Eltern oder andere Bezugspersonen, etwas anderes betonen, ist für Kinder ihre Familie so wie sie ist zunächst normal.

Gibt es allgemein Unterschiede in der Geschwisterbeziehung bei Kindern mit und ohne FASD?

Beziehungen zwischen Geschwistern haben meist eine gleichgewichtige Beziehungsstruktur.[44] Sie sind Beziehungen auf Augenhöhe, die in der Regel ausbalanciert sind. Geben und Nehmen gleichen sich aus. Keine Seite

44 Kasten, 2020, S. 183

ist dauerhaft unterlegen oder überlegen, keine Seite muss immer der anderen helfen.[45]
Kommt in der Geschwistergruppe FASD ins Spiel, ist es möglich, dass diese Balance aus dem Gleichgewicht gerät.

Die Geschwisterkinder könnten sich als intellektuell überlegen erweisen oder das Kind mit FASD setzt alles daran, wirklich jeden Geschwisterstreit um jeden Preis zu gewinnen, weil für das Kind ein sozialer Ausgleich im Sinne von „Heute gewinnst du, gestern habe ich gewonnen" zu komplex ist.

Gibt es für Geschwisterkinder die Möglichkeiten zum sozialen Lernen oder verhindert FASD diese Möglichkeit?

Im Allgemeinen funktionieren Geschwisterbeziehungen mit und ohne FASD gleichermaßen.

Die Geschwister erleben sich als Sozialpartnerinnen und Sozialpartner auf Augenhöhe. Das heißt, sie behandeln ihre Schwestern und Brüder mit FASD erst einmal nicht anders als ihre Geschwister ohne FASD. Geschwisterkinder nehmen meist keine Rücksicht aus Gründen der Vernunft oder etwa aus Barmherzigkeit.

Geschwister können sich aber in der Regel problemlos auf die Kompetenzen ihrer Schwestern und Brüder einstellen.[46] Das tun sie intuitiv und entscheiden ganz kindlich-egoistisch, ob sie Rücksicht nehmen wollen oder nicht.
Während sich Erwachsene (z. B. Eltern oder Fachkräfte) manchmal noch einreden, das Kind habe keinerlei Probleme, sehen Geschwister die Kompetenzen ihrer Geschwister mit FASD gnadenlos realistisch: „Mit der kann man nicht richtig spielen." „Der stört immer nur und versteht den Film gar nicht."

Geschwister profitieren voneinander für ihre Entwicklung und beeinflussen sich gegenseitig.

45 Hackenberg, 2008, S. 26
46 Hackenberg, 2008, S. 109

Zusammenleben und Aufwachsen mit Kindern mit FASD bietet viele Gelegenheiten zum Erlernen von Sozialkompetenzen, wie andere Kinder sie auch mit ihren Geschwistern erleben.
Wichtige Ressourcen wie eine eigene Persönlichkeit, Vertrauenswürdigkeit, Urteilsvermögen, Empathie, Selbstbewusstsein, Kreativität und Teamfähigkeit entwickeln Geschwisterkinder unabhängig davon, ob ein Kind mit FASD in der Familie lebt.

Und vielleicht bieten die FASD-spezifischen Themen in der Familie den Geschwisterkindern gute Chancen, darüber hinaus weitere Ressourcen zu entwickeln wie: Stressresistenz, Eigenverantwortung, Selbstfürsorge, Konfliktfähigkeit, Grenzen setzen können, Leben im Hier und Jetzt und einen gesunden Blick auf das, was wirklich wichtig ist im Leben.

„Die Erfahrungen mit unseren Geschwistern in der Kindheit bilden die Basis für unseren Umgang mit Nähe und Vertrautheit, mit Konkurrenz und Ablehnung, mit Konflikten und Versöhnung."[47]

Dies gilt für alle Geschwister in gleicher Weise. Es ist unser Schicksal, wer unsere Geschwister sind und was wir mit ihnen erleben dürfen. Daraus können Themen erwachsen, die uns als Erwachsene beschäftigen, antreiben und motivieren.

47 Frick, 2015, S. 23

7 Geschwisteralltag mit FASD

Kinder sind unvernünftig, drehen auf und toben rum. Kinder ärgern ihre Geschwister und drücken sich vor Aufgaben, die Erwachsene für wichtig halten. Kinder testen Grenzen aus, ihre eigenen, die ihrer Geschwister und die ihrer Eltern. Das können und machen Kinder mit FASD genauso gut wie jedes andere Kind und wie ihre Geschwister, denn Kinder mit FASD sind Kinder.

Was wird im Zusammenleben der Geschwister anders durch FASD?

Mit Geschwistern mit FASD verlaufen alltägliche Situationen anders als mit Geschwistern ohne FASD. Schwestern und Brüder mit FASD können anders reagieren. Kinder mit FASD setzen ihre Ideen und Impulse sofort in die Tat um. Und sie überschreiten die Grenzen anderer oder die Grenzen des guten Geschmacks sehr viel weiter, als Kinder ohne FASD dies in der Regel tun.

FASD-spezifische Herausforderungen entstehen in alltäglichen Situationen der Geschwister. FASD-spezifische Situationen gibt es beim Spielen, Toben, Geburtstag feiern oder beim Streiten.

Geschwisterkinder brauchen deshalb im alltäglichen Zusammenleben mit ihren Brüdern und Schwestern mit FASD immer wieder die Unterstützung der Eltern.

Im Zusammenleben mit Kindern mit FASD sind andere Lösungswege notwendig und die Interventionen durch die Eltern müssen FASD-bedingt angemessen anders sein.

7.1 Spielen und Toben

Kinder in jedem Alter und in jeder Kultur spielen, wenn ihre Lebensumstände dies zulassen. Die Ideen dazu haben sie selbst. Und wenn Absprachen untereinander nötig sind, handeln sie miteinander aus, wer was wann spielen darf. Wenn FASD ins Spiel kommt, kann es schnell anders aussehen.

Etwas so Normales, wie mit den Geschwistern zu spielen, kann für Kinder mit FASD von den Anforderungen her zu komplex, anstrengend und schwierig sein. Mit den Geschwistern spielen zu können, erfordert Ressourcen, die nicht jedem Kind mit FASD zur Verfügung stehen. Zu spielen, wie es die Geschwisterkinder können und mit ihnen mithalten, setzt z.B. ein Kurzzeitgedächtnis voraus, das zuverlässig funktioniert. Das Kind muss altersgemäß der Kommunikation folgen können und sollte nicht jeden Tag wieder den gleichen Fehler machen und alle anderen damit nerven. Das Ergebnis sind am Ende dann genervte, wütende, frustrierte oder weinende Geschwisterkinder.

Beispiel Kissenschlacht:

Aaron (8 J., mit FASD) und Amelie (9 J., ohne FASD) wollen am Nachmittag im Kinderzimmer von Amelie miteinander spielen. Die beiden wissen nicht so recht, was sie spielen sollen und beginnen schließlich eine Kissenschlacht. Im Zimmer liegen viele Dekokissen, die sich gut als Wurfgeschosse eignen. Die Geschwister werfen sich gegenseitig mit den Kissen ab und springen lachend im Zimmer herum. Beide haben sichtlich Spaß. Schon nach kurzer Zeit beginnt sich die Stimmung zu ändern. Amelie wird langsamer und schon etwas müde. Aaron dreht immer mehr auf. Seine Würfe werden fester. Er trifft Amelie mit voller Wucht am Kopf.

Amelie tut sich weh, aber Aaron hält trotzdem nicht inne. Er lacht und tobt weiter. Amelie reicht es. Sie möchte nicht mehr toben. Aaron wirft weiter mit Kissen. Amelie gelingt es nicht, das Tobespiel zu beenden. Aaron weigert sich, ihr Zimmer zu verlassen.

Das Toben endet im Streit. Amelie beschwert sich bei den Eltern über Aaron.

FASD verstehen

Es ist schön, dass das Toben miteinander den Kindern Spaß gemacht hat. Aber leider ist Toben mit Kindern mit FASD generell eine nicht so gute Idee. Es ist völlig normal, dass Aaron schnell überdreht (Überreizung), da er sich nur schlecht selbst regulieren kann (Selbstregulation). Er merkt nicht, was noch angemessenes Verhalten in einem Tobespiel ist und wann er über das Ziel hinausschießt.

Er kann diese unsichtbare Grenze nicht nachvollziehen. Er spürt nicht, wann er zu fest wirft (Kraftdosierung), und kann die Folge seines zu wilden

Spiels (die Schwester wird sauer oder tut sich weh) nicht vorhersehen (Vorhersehen von Verhaltenskonsequenzen).
Er findet kein Ende (Impuls- und Affektkontrolle).

Das ist insgesamt ein völlig normales Verhalten bei einem Kind mit FASD und war so auch zu erwarten.
Aaron braucht immer Klarheit darüber, was richtig ist und was jetzt dran ist. Im Tobespiel fehlt ihm eine Person mit dieser „Leuchtturmfunktion".
Aaron kann nichts aus dieser Situation für eine ähnliche Situation am nächsten Tag lernen (Gedächtnisprobleme, nicht aus Erfahrung lernen können). Daher machen Appelle an seine Vernunft keinen Sinn.
Amelie kann ihrerseits diese Situation nicht steuern und kann die Verantwortung dafür nicht übernehmen (Überforderung, zu hohe Erwartungen).

Treten immer wieder solche Situationen mit anschließender Streiterei auf, ohne dass die Eltern handeln, wird bei Amelie z. B. der Frust größer, sie hat keine Lust mehr, mit dem Bruder zu spielen oder der Ärger und Frust suchen sich einen anderen Weg, wenn sie sich von den Eltern alleingelassen fühlt.

Mögliche Interventionen und Unterstützung für die Geschwisterkinder:

- Präventiv gibt es die Regel: Wir toben nicht im Haus.
- Amelies Zimmer ist tabu. Hier wird nicht getobt. Denn hier hat Amelie das Hausrecht und sollte immer die Regeln bestimmen können. Da dies im Tobespiel – wenn es einmal in Fahrt ist – für Amelie nicht mehr gelingt, ist ihr Zimmer kein geeigneter Ort zum Toben. Dies wird von den Eltern kommuniziert:
  - „Amelie, du weißt, dass Aaron das nicht kann."
  - „Ihr wisst, dass das keine gute Idee ist."
- Diese Regeln sind den Kindern bekannt:
  - „Im Haus wird nicht getobt."
  - „Das ist Amelies Zimmer. Wenn sie es möchte, gehen alle aus dem Zimmer raus."
- Die Eltern wissen, dass Toben schwierig ist, und haben die Kinder „im Ohr". Sie handeln präventiv und passen den richtigen Moment ab, um das Ende einzuläuten, **bevor** das Toben eskaliert.

- Die Eltern sind allparteilich. Sie stellen sich auf keine Seite in diesem Streit. „Toben ist keine so gute Idee, das wisst ihr", „In Amelies Zimmer wird nicht getobt" und „Im Haus wird nicht getobt". Damit benennen die Eltern noch mal die bekannten Regeln, ohne Vorwürfe gegen eines der Kinder zu erheben. „Aaron, wenn Amelie sagt ‚Schluss', ist Schluss", wird – ohne Vorwürfe zu machen – noch mal ausgesprochen.
- Emotional werden beide Kinder von den Eltern versorgt: Sie spenden z. B. Trost für das Wehtun an Amelie und Trost für das abrupte Ende des Spiels an Aaron.

Beispiel Wasserbahn:

Ben (6 J., mit FASD), Bella (7 J., mit FASD) und Bea (10 J., ohne FASD) bauen eine Wasserbahn im Garten auf. An der Seite wird die Bahn an den Gartenschlauch angeschlossen. So wird Wasser auf die Bahn gesprüht. Nun können die Kinder die fünf Meter lange Bahn entlangrutschen. Die Wasserrutsche ist ein Spielzeug, das sehr viel Disziplin und Vorsicht erfordert und gleichzeitig zur Aktivität animiert. Die beiden Kinder mit FASD überdrehen sehr schnell. Sie werden zu wild und können sich nicht bremsen, da ihnen das Rutschen auf der Bahn sehr viel Spaß macht. Sie warten auch nicht ab, bis die Bahn frei ist, bevor sie Anlauf nehmen. Es gibt schnell Gezanke unter den Kindern. Es kommt zu Zusammenstößen. Wer noch auf der Wasserrutsche steht, wird „umgerutscht" und tut sich richtig weh.

Mögliche Interventionen und Unterstützung für die Geschwisterkinder:

- Kinder mit FASD spielen und toben oft wilder, als andere Kinder das tun. Die Wasserrutsche hat deshalb potenziell bei Kindern mit FASD eine hohe Verletzungsgefahr, sodass die Eltern entweder immer dabei sein müssen, egal wie alt die Kinder schon sind, oder auf eine Wasserrutsche/Wasserbahn im Garten präventiv verzichten.
- Diese Regeln sind den Kindern bekannt:
  - „Wir dürfen nur rutschen, wenn ein/e Erwachsene/r dabei ist."
  - Wem es zu viel wird, der/die geht rein.
- Eltern sollten auf Wasserspielzeug zurückgreifen, das eine geringere Verletzungsgefahr hat, je nach Alter z. B. Rasensprenger, Mörtelkübel (als Minipool), Wasserball, aufblasbaren Pool oder Luftmatratze.

Weniger ist mehr. Durch den präventiven Verzicht auf Spielzeug oder Tobespiele, die zu viel Ärger führen, schonen Eltern nicht nur ihre Nerven, sondern nehmen auch die Geschwisterkinder aus der Verantwortung.

Durch präventive Pädagogik verhindern Eltern, dass es zu Eskalationen und Gefahrensituationen kommt. Die Verantwortung bleibt so auf der Elternebene.

Den Geschwisterkindern wird signalisiert, dass ihre Eltern „auf der Brücke" stehen. Indem diese ihre Elternrolle ausfüllen und Verantwortung für das Handling von FASD übernehmen, werden die Geschwisterkinder entlastet und haben ein elterliches Vorbild, an dem sie sich orientieren können.

Beispiel Rollenspiel:

Celina (11 J., ohne FASD), Clara (9 J., mit FASD) und Conny (7 J., ohne FASD) haben am Sonntagmorgen einen Märchenfilm im Fernsehen gesehen und wollen jetzt ein Rollenspiel daraus machen. Die Kinder bauen ihr Spiel im Spielzimmer des Elternhauses auf. Celina entwickelt die Idee einer Schlossküche mit Köchin, Magd und Bauersfrau. Conny und Clara bringen Ideen ein. Die Kinder bauen eine Schlossküche auf, ziehen sich Verkleidungen an und bauen einen Marktstand auf. Jedes Kind bekommt eine Rolle zugewiesen. Der Ablauf des Spieles wird grob umrissen, jede weiß, was sie zu tun hat. Die Kinder haben Freude am Spiel und sind ganz ins Spiel versunken. Das Spiel läuft über eine Stunde. In der gesamten Zeit hält Clara regelmäßig mitten im Spiel inne und verstummt. Sie denkt nach. Dann fragt sie ihre Schwestern: „Wer bin ich noch mal?" Die Schwestern kennen das schon und antworten immer wieder geduldig: „Du bist die Bauersfrau. Du verkaufst Gemüse auf dem Markt."

Mögliche Interventionen und Unterstützung für die Geschwisterkinder:

- Die Eltern reagieren auf Claras Gedächtnisprobleme nicht wertend.
- Die Eltern akzeptieren die Gedächtnisprobleme als etwas ganz Normales.

- Die Geschwister erleben täglich, dass die Eltern für Clara alles wiederholen. Ganz gleich, was Clara vergisst oder welche Frage sie wiederholt stellt, die Eltern antworten ganz ruhig und sachlich.
- Die Kinder wissen durch Gespräche in der Familie, dass Clara viel vergisst.
- Den Kindern ist erklärt worden: „Das kommt vom Alkohol in der Schwangerschaft. Clara kann nichts dafür."
- Die Vorbildfunktion der Eltern entlastet die Geschwister und ermöglicht ihnen einen entspannten Umgang mit den Gedächtnisproblemen ihrer Schwester.
- Weil die Eltern die Gedächtnisprobleme von Clara nicht problematisieren, akzeptieren die Geschwister sie eher als etwas völlig Normales: „Das ist eben so."

Beispiel „Mensch ärgere dich nicht":

Denis (9 J., mit FASD) und Dominik (11 J., ohne FASD) wollen Gesellschaftsspiele miteinander spielen. In ihrer Familie werden regelmäßig am Nachmittag Gesellschaftsspiele gespielt. Beide Kinder kennen viele verschiedene Brettspiele. Sie sind mit den Regeln und Abläufen vertraut. Denis und Dominik wählen an diesem Nachmittag „Mensch ärgere dich nicht" aus. Sie streiten sich um die Farben. Der ältere Bruder gibt schließlich nach und sie beginnen das Spiel. Während der Spielrunde gibt es immer wieder Streit. Welche Regeln sollen heute gelten? Muss man „platzen" (am Startfeld aufrücken)? Ist den Gegner schlagen Pflicht? Wann darf man drei Mal würfeln? Die Spielrunde endet abrupt, weil Denis das Brett vor Wut umwirft. Er brüllt seinen Bruder an, er habe ihn betrogen. Dominik ist sauer, weil er um den Sieg gebracht wurde. Beide knallen mit den Türen.

Mögliche Interventionen und Unterstützung für die Geschwisterkinder:

- Ein Streit um Regeln, gepaart mit Frust, kommt bei Gesellschaftsspielen vor. Der Streit zwischen den Brüdern ist nicht zwangsläufig FASD-bedingt.
- Behinderungsbedingt ist die Frustrationstoleranz von Denis geringer. Er meint sich an Regeln zu erinnern und liegt damit falsch. Das ärgert

ihn und er möchte es nicht zugeben. Wenn er wütend wird, reagiert er möglicherweise über.

- Die Eltern halten sich aus diesem Streit heraus. Streiten ist nötig, um Streiten zu lernen.
- Die Eltern haben das Spiel der Kinder im Blick (oder im Ohr) und greifen ein, falls es zu Handgreiflichkeiten kommen sollte. Dann braucht Dominik möglichweise den Schutz der Eltern.
- Wenn die Familienmitglieder erfahrene Spielerinnen und Spieler sind, wissen Eltern und Kinder, welche Spiele in der Regel zur Eskalation führen und welche Spiele ruhiger verlaufen. Gerade der Klassiker „Mensch ärgere dich nicht“ ist ein Ärger-Klassiker.
- Wenn er weiß, dass es Spiele gibt, die schneller zu Ärger führen, ist es Dominiks Entscheidung, ob er bereit ist, diese Spiele zu spielen.
- Ruhiger verlaufen z.B. Spiele wie „Memory“, „UNO“, „Wer ist es?“, „Hexentanz“, „Take it easy“ oder „Sagaland“. Solche Spiele sind gute Alternativen.
- Leicht zur Eskalation führt z.B.: „Jagd der Vampire“. Dabei kann man den Gegner bewusst ärgern und außer Gefecht setzen. Das muss man aushalten können.
- „Auf Achse“ verlangt viel Geduld, weil das Spiel ohne viel Aktion verläuft und lange dauert. Diese Geduld kann nicht jedes Kind aufbringen.
- „Make 'n break“ funktioniert mit Zeitdruck und verlangt eine gute Motorik. Das führt schnell zu Frust, wenn eines der Kinder chancenlos ist.
- Wenn FASD im Spiel ist, wird es mehr Spiele geben, die nicht gut funktionieren, als in anderen Familien. Die dürfen die Geschwister verweigern. Sie wissen oft am besten, was geht und was nicht geht. Sie dürfen die Spiele aber auch gerne riskieren, wenn ihnen danach ist.
- Wenn ein „riskantes“ Spiel gespielt wird und am Ende das Brett fliegt, ist niemand schuld. Die Eltern machen keinem der Kinder Vorwürfe und es wird kein Schuldiger gesucht.
- Brettspiele können viel Spaß machen. Aber sie lassen Spielerinnen und Spieler auch gelegentlich aus der Haut fahren.
- Die Eltern stehen der Herausforderung Spielenachmittag nicht hilflos gegenüber und lassen sich nicht von den Wogen mitreißen. Sie behalten sachlich den Überblick. Daran können sich die Geschwister orientieren und fühlen sich – auch im kurzzeitigen Chaos – sicher.

Beispiel Besuch von Freundinnen und Freunden:

Die Nachmittage, an denen Emily (10 J., ohne FASD) oder Emil (12 J., ohne FASD) Besuch von Freundinnen und Freunden bekommt, laufen immer gleich ab.
Elisa (8 J., mit FASD) lässt die Geschwister nicht in Ruhe. Sie ist davon überzeugt, dass sie das Recht hat mitzuspielen. Wenn Freundinnen und Freunde ins Haus kommen, dann darf jede/jeder mitspielen. Elisa glaubt, dass alle Kinder, die ins Haus kommen, auch ihre Freundinnen und Freunde sind. Jede/jeder, der/die aus Höflichkeit ein nettes Wort zu ihr sagt, ist sofort ihre Freundin oder ihr Freund.
Die Geschwister sind deswegen sauer und es gibt heftigen Streit. Elisa kommt immer wieder ins Zimmer oder läuft den Geschwistern hinterher, wenn diese den Ort wechseln, um Ruhe zu haben. Ganz gleich, was die Älteren vorhaben – chillen, Kekse backen, basteln – Elisa meint, sie habe das Recht mitzumachen. „Das dürfen alle Kinder. Das kannst du mir nicht verbieten."
Emily, Emil und auch Elisa beschweren sich bei den Eltern.

Mögliche Interventionen und Unterstützung für die Geschwisterkinder:

- Die Eltern beziehen klar Position gegenüber allen Kindern:
  - „Das sind nicht deine Freunde/Freundinnen."
  - „Halt dich da raus."
  - „Wenn du nicht eingeladen bist, hast du im Zimmer von Emil/Emily nichts zu suchen."
- Es wird Elisa erfahrungsgemäß eher schwerfallen, diese Grenze zu respektieren und die Geschwister in Ruhe zu lassen. Aus ihrer Sicht ist es unfair, dass andere Kinder sie ausschließen. Es ist ein spannender Nachmittag in ihrem Elternhaus und sie möchte ganz selbstverständlich dabei sein.
- Hier sind deshalb die Eltern gefragt: Spiel- oder Besuchsnachmittage mit Freundinnen und Freunden bleiben oft eine Dauerbaustelle über viele Jahre. Die Eltern sollten die Verantwortung übernehmen, sowohl für das FASD-bedingte Verhalten des einen Kindes als auch für das Recht auf Besuch für die anderen Kinder.

- In vielen Fällen bleibt ein Besuchsnachmittag mit Freundinnen und Freunden der Geschwisterkinder kompliziert, aufwendig und stressig. Das ist leider ein Punkt, an dem es selten eine einfache Lösung gibt.
- Eine räumliche Trennung der Kinder macht Sinn, bedeutet aber in der Praxis oft, dass ein Elternteil oder Babysitter im Einsatz ist, um die Trennung den ganzen Nachmittag zu gewährleisten.
- Die Eltern sorgen für Ablenkung bzw. ein Alternativangebot für das Kind mit FASD. Dabei sollten Eltern nicht zu attraktive, komplizierte oder aufwendige Angebote machen, denn damit wird ein Standard für alle Spielnachmittage der Geschwister gesetzt.
- Spielnachmittage für die Geschwisterkinder funktionieren am besten, wenn Eltern solche Zeiten im Kalender einplanen. Nebenher und ohne den Einsatz der Eltern wird ein Besuchsnachmittag selten funktionieren.
- Keines der Kinder hat Schuld. Hier prallen einfach verschiedene Interessenlagen aufeinander.
- Geschwisterkinder können die Möglichkeit nutzen, ihre Freizeit bei den Freundinnen und Freunden zu verbringen.
- Wenn Freundinnen und Freunde kommen, wissen Eltern und Geschwister, auf was sie sich da einlassen. Wenn die Entscheidung dafür bewusst getroffen wird nach dem Motto „Heute tragen wir einen Besuchsnachmittag aus", ist es ein anderes Standing für alle Beteiligten: „Und wenn sie euch nicht in Ruhe lässt?" „Och, heute ist es okay, wenn sie mitmacht. Wir kommen klar."

Beispiel Spielplatz:

Der Tag von Fynn (6 J., mit FASD) beginnt um 6:00 Uhr morgens. Aufstehen, waschen, anziehen, frühstücken und zur Schule gehen sind anstrengend für ihn. Er macht morgens gerne „Theater", verzögert alles und ist insgesamt nur schwer zu motivieren, den nächsten Schritt zu machen. Es geht ihm alles zu schnell. Eigentlich bräuchte Fynn noch viel mehr Zeit. In der Schule passt er sehr gut auf, ist motiviert und macht mit. Er ist beliebt in seiner Klasse. In den Pausen ist er mittendrin dabei. Die Pausen bedeuten für Fynn ein Chaos aus rennenden Kindern und viel Lärm. Er ist nach den Pausen aufgedreht und angestrengt. Mittags geht er in die Betreuung, isst dort und macht Hausaufgaben.

Um 15:00 Uhr wird Fynn von der Betreuung in der Schule abgeholt. Von dort geht es zur Ergotherapie. Wenn er um 17:00 Uhr nach Hause kommt, darf er mit seinem Freund Falk auf dem Spielplatz spielen, der direkt nebenan ist. Die beiden toben und spielen draußen bis 19:00 Uhr. Dann werden die Jungs von ihren Eltern gerufen. Falk ist müde und geht nach Hause. Aber Fynn will nicht kommen, er will weiterspielen. Nach 30 Minuten kommt er unter Protest ins Haus. Ab jetzt schreit er so laut und flippt, dass seine Geschwister Felix (13 J., ohne FASD), Fabian (10 J., ohne FASD) und Franziska (8 J., ohne FASD) in ihre Zimmer flüchten. Ein Familienabend mit gemeinsamem Essen und Entspannung ist nicht mehr möglich. Die Geschwister leiden unter dieser Situation, die sich fast jeden Abend wiederholt. Die Eltern verzweifeln, weil die Geschwisterkinder so sehr wegen Fynn leiden müssen. Sie fühlen sich den Ausbrüchen am Abend hilflos ausgeliefert und geben Fynn die Schuld. Er soll sein Verhalten endlich ändern. Fynn gilt in der Familie als die Ursache des Problems und rutscht immer mehr in die Rolle des „Familienproblems" und „Harmoniezerstörers".

Mögliche Interventionen und Unterstützung für die Geschwisterkinder:

- Die Geschwister beschweren sich über den anstrengenden Bruder. Sie haben ein Recht dazu, denn das Schreien und Flippen am Abend ist für alle Familienmitglieder anstrengend.
- Die Störung am Abend ist „hausgemacht": Der Tag ist lang für ein Kind mit FASD. Fynn überdreht am Abend, weil ihm im Laufe des Tages Ruhephasen und Entspannungszeiten fehlen. Fynn kann auf die Überforderung nur so reagieren, wie er es eben tut. Das Verhalten von Fynn ist bei FASD normal und deshalb genauso zu erwarten. Um 17:00 Uhr geht die Kraft des Kindes langsam zu Ende. Es ist Zeit für eine Entspannungsphase. Das könnte theoretisch auch Zeit im Garten oder auf dem Spielplatz sein, aber die Impulsdurchbrüche am Abend zeigen, dass Fynn sich hier eher überanstrengt als erholt. Also sollte die Zeit des Vorabends für ihn anders gestaltet werden.
- Ein Freispiel ist für Fynn aufgrund von FASD schwierig: Ein Freispiel ist unstrukturiert, er bekommt nicht immer mit, was gerade abgesprochen oder vorgeschlagen wird. Es ist anstrengend für ihn, sich immer wieder auf neue Spielsituationen einzulassen. Auch wenn es schade ist, dass er nicht noch mit anderen Kindern auf den Spielplatz kann, kann

es für Fynn die richtige Entscheidung sein, diese Spielzeit auf das Wochenende oder auf die Tage, an denen er früher nach Hause kommt, zu verlegen. Die Spielzeit bis 19:00 Uhr ist an einem Wochentag, der um 6:00 Uhr begonnen hat, augenscheinlich für Fynn zu lang. Auch eine Begrenzung der Spielzeit bis 18:00 Uhr könnte vielleicht schon helfen.

- Wenn die Eltern den Geschwisterkindern einen Familienabend ermöglichen wollen, müssen sie bei den Ursachen für Fynns Impulsdurchbrüche am Abend ansetzen.
- Die Aufgabe der Eltern besteht darin, die Tagesstruktur für Fynn so zu verändern, dass er öfter ohne heftige Impulsdurchbrüche durch den Abend kommt.
- So wird ein Familienabend für die und mit den Geschwisterkindern möglich.

Dieses Beispiel zeigt gut, was es bedeutet, mit FASD zu arbeiten, anstatt dagegen. Im Alltag FASD-gerecht vorzugehen, ist ein notwendiger Schritt in die richtige Richtung. Ob er schnell oder vielleicht langsamer zu Veränderungen und Lösungen führt, kann zudem auch mit dem Standing der Eltern zu tun haben. Das Standing der Eltern setzt sich z. B. zusammen aus ihren persönlichen Stärken und Schwächen, ihrer Kommunikationsfähigkeit, ihrer Haltung, ihrer Sichtbarkeit, ihrem Einfluss und Ansehen innerhalb der Familie und ihrer Wirkung auf die anderen Familienmitglieder. Der Lösungsweg für die Geschwisterkinder beginnt mit der Arbeit mit FASD: Vermeidung von Überforderung, Stressreduktion und angepasste Erwartungen. Damit hat das Standing der Eltern konkret Einfluss auf das Familienklima und damit auf die Geschwisterkinder.

Systemische Impulse für Eltern

- Ist Fynn das Problem der Familie?
- Was ist konkret das Problem? Die Impulsdurchbrüche am Abend oder das Kind?
- Wenn die Impulsdurchbrüche als Problem gesehen werden und nicht mehr wie bisher Fynn, was ändert sich dann?
- Auf wen wirken sich diese Veränderungen aus?

7.2 Geschenke

Wie alle Kinder und wie alle Erwachsenen haben auch Kinder mit FASD ganz selbstverständlich ein Gefühl für Gerechtigkeit und Ungerechtigkeiten.

Das ist unter Freundinnen und Freunden ein wichtiges Thema, im Klassenverband, aber auch und gerade in der Familie. Dass es gerecht zugeht, ist Kindern meist sehr wichtig. Viele Kinder reagieren sensibel auf Ungerechtigkeiten und fordern Gerechtigkeit ein.

Aber was ist gerecht und was ist ungerecht?

Beispiel Weihnachtsgeschenke:

Die Eltern von Guido (9 J., mit FASD) und Greta (11 J., ohne FASD) haben sich viele Gedanken darüber gemacht, was sie ihren beiden Kindern zu Weihnachten schenken werden.

Die Geschenke sind sinnvoll und hochwertig. Beide Kinder erhalten Dinge, die ihnen in Zukunft bestimmt viel Freude machen werden.

Für die Geschenke haben die Eltern für jedes Kind die gleiche Summe, etwa 250 Euro, ausgegeben. Die Geschenke werden jeweils für Guido und Greta unter den Weihnachtsbaum gelegt. Als am Abend des 24. Dezember endlich die Bescherung ist, stürzt sich Guido auf beide Geschenkestapel. Er zählt die Päckchen. Greta hat ein Päckchen mehr als er selbst. Außerdem hat Greta ein richtig großes Päckchen, während er nur mittlere und kleine Päckchen hat.

Guido schreit sofort rum. Er regt sich fürchterlich auf und macht seinen Eltern Vorwürfe. Er hat ein Tablet zum Spielen seiner Lieblingsspiele bekommen – das teure Gerät ist klein. Im großen Paket der Schwester ist ein Plüscheinhorn.

Die Eltern erklären ihm, was die Geschenke wert sind und welche Absicht hinter den Geschenken steht. Aber Guido kann sich nicht beruhigen.

Guido hat Greta den Heiligabend ruiniert.

Mögliche Interventionen und Unterstützung für die Geschwisterkinder:

- Guidos Sinn für Gerechtigkeit sagt ihm, dass es unfair ist, wenn ein Kind sechs Geschenke bekommt und das andere Kind nur fünf.

- Es ist in Guidos Augen extrem ungerecht von den Eltern, einem Kind ein großes Geschenk zu machen und dem anderen nicht. Gegen diese Ungerechtigkeit der Eltern protestiert Guido. Die Reaktion von Guido war genauso zu erwarten. Der Ärger am Heiligabend ist „hausgemacht".
- Auch Greta hat recht, wenn sie sich über das Geschrei von Guido beschwert. Aus ihrer Sicht reagiert Guido unangemessen. Er hat doch genauso viel bekommen wie sie. Was soll das?
- Die Ursache von Gretas Stress und Enttäuschung am Heiligabend ist nicht bei Guido zu suchen.
- Das Problem ist – unabsichtlich – durch das Verhalten der Eltern entstanden.
- Kinder mit FASD haben in der Regel kein Verständnis für Abstraktes. Unsere Vorstellungen von Zeit und Geld sind abstrakte Konstruktionen, die sie nicht nachvollziehen können.
- Guido weiß nicht wirklich, was Geld ist, und kann den Wert, der „bedrucktem Papier" beigemessen wird, nicht wirklich verstehen. Auch wenn er das vielleicht geschickt versteckt und überspielt, ist es vermutlich für ihn so.
- Um den Stress an Weihnachten und evtl. die folgende Eskalation zu vermeiden, berücksichtigen die Eltern künftig die tatsächlichen Fähigkeiten von Guido und nicht die Fähigkeiten, die ein Kind seines Alters eigentlich haben müsste.

Wie behandelt man Geschwister in puncto Geschenke gerecht, wenn das eine Kind den Wert der Geschenke nicht nachvollziehen kann?
Indem die Eltern **mit** dem FASD arbeiten, statt dagegen:

- Alle Kinder erhalten die gleiche Anzahl an Paketen.
- Die Pakete sind für ein Kind etwa so groß wie für das andere.
- Wenn ein großes Paket dabei ist, erhält jedes Kind ein großes Paket.
- Der Wert ist dabei für die Geschwisterkinder entscheidend – die Anzahl und Größe der Pakete für das Kind mit FASD.

Im obigen Beispiel erklären die Eltern Greta, dass Guido sich zu Recht ungerecht behandelt fühlt und gestehen ihren Fehler ein. Sie haben nicht daran gedacht, dass Guido den Wert der Geschenke nicht nach dem Preis, sondern nach der Größe bemisst. Guido reagiert nicht einfach übertrieben. Ein gewisses Maß an Konkurrenz zwischen Geschwistern ist völlig normal und gesund.

Geschwister vergleichen sich und vor allem haben sie ein Auge darauf, wie ihre Eltern sie selbst und die anderen Kinder behandeln.

Auch Greta hat im Beispiel oben ein Auge auf Guido. Sie möchte an diesem Abend als das Kind mit dem vorbildlichen Benehmen punkten und sich gegen Guido absetzen. Allerdings ist ein behinderungsbedingtes Flippen und eine von den Eltern befeuerte Eskalation nicht der geeignete Moment. Weder sollte Guido jetzt Ärger bekommen noch Greta Anerkennung.

Und wenn der monetäre Wert der Geschenke für einen Menschen keine Rolle spielt, ist eben die Anzahl und Größe der Pakete entscheidend. Nicht zuletzt kommt es bei einem Geschenk auch auf die Geste an. Und diese Geste ist ungewollt verletzend, wenn ein Kind ein großes Geschenk bekommt und das andere Kind nur ein kleines.

Eltern von Kindern mit und ohne FASD sollten ganz selbstverständlich beide Wertesysteme berücksichtigen und die Kinder auf diese Weise gleichbehandeln.

7.3 Streiten

Alle neun Minuten streitet sich ein Kind ohne FASD mit seinen Geschwistern ohne FASD!
Laut einer Studie von 2011 streiten sich 2- bis 9-jährige Geschwister im Durchschnitt etwa alle 9 Minuten.[48] Bei Geschwistern im Teenageralter können Beschimpfungen, Revierstreitigkeiten, Eigentumsdelikte und Handgreiflichkeiten als normales Verhalten in der Pubertät auch ohne FASD noch dazu kommen.[49]
Es geht in der Familie und in der Gesellschaft um ähnliche Themen und Konflikte. Jede Familie ist immer auch so etwas wie ein Abbild der Gesellschaft, in der sie lebt.

Geschwister streiten sich deshalb z. B. um:

- Macht, Einfluss und Geltung in der Gruppe der Geschwister
- die Wahrung ihrer eigenen Interessen gegenüber den Interessen der Geschwister

---

48 Möller et al., 2016, S. 63
49 Rufo, 2004, S. 76

- den Zugang zu Privilegien und Vorrechten in der Gruppe der Geschwister
- Besitztümer und Ressourcen, wie z. B. Süßigkeiten, Kosmetikprodukte oder andere begehrte Güter
  Dazu schleichen auch Kinder ohne FASD z. B. ins Zimmer der Geschwister, nehmen etwas weg, was sie nicht dürfen, und benutzen es heimlich.[50]

„Der Geschwisterkreis ist ein Ort des Wettkampfs; die Kleinen wollen die Größeren ein- oder gar überholen, während diese alle Hebel in Bewegung setzen, um ihre Vorherrschaft zu wahren."[51]

Der Streit unter Geschwistern macht Sinn. Streiten gehört zum Aufwachsen von Geschwistern in einer Familie und zur gesunden Entwicklung von Kindern und Jugendlichen unbedingt dazu.[52] Die Geschwister üben sich im Argumentieren und im Aushandeln von Kompromissen. Sie trainieren untereinander Fähigkeiten wie Empathie und Fairness. Sie können lernen, tolerant zu sein und sich zu versöhnen. Im Streit mit den Geschwistern können Kinder viel über sich selbst, über ihre Stärken und Schwächen lernen. Und im Streit mit den Geschwistern lernen Kinder, mit ihren eigenen Stärken und Schwächen und den Stärken und Schwächen der anderen umzugehen.[53]

Es kann deshalb nicht das Ziel von Erziehung und Zusammenleben in der Familie sein, dass Kinder sich nicht streiten. Denn das wäre fatal.
Sich eben nicht wie ein Mensch der Vorzeit mit der Keule durchzusetzen, sondern Konflikte verbal auszutragen und Kompromisse auszuhandeln sind Kulturtechniken, die Kinder erproben und einüben müssen.[54]

Wo würden sie all das trainieren können, wenn sie sich zu Hause nicht streiten dürften?

50 Frick, 2015, S. 265f.
51 Rufo, 2004, S. 137
52 Frick, 2015, S. 259
53 Brock, 2020, S. 137; Frick, 2015, S. 269
54 Rogge, 2019, S. 277

Systemische Impulse für Eltern

- Wie gut können Sie sich streiten (auf einer Skala von 1 = gar nicht bis 10 = sehr gut)?
- Was bedeutet Streit für Sie?
- Mit wem haben Sie sich als Kind gestritten?
- Wie wurde in Ihrer Herkunftsfamilie gestritten?
- Was macht einen fairen Streit für Sie aus?
- Was bedeutet es für Sie, wenn Ihre Kinder streiten?

Für den Streit unter den Geschwistern brauchen die Kinder einfache Regeln, die für alle Geschwister gelten und die den Kindern bekannt sind.[55] Denn alle Kinder – mit und ohne FASD – gehen im Streit mit den Geschwistern nicht nur an die Grenzen des guten Geschmacks, sondern auch darüber hinaus.
Im Hinblick auf die Geschwister mit FASD sollten die Streitregeln möglichst einfach sein. Hier gilt FASD-bedingt wieder „Weniger ist mehr".

Streitregeln können z. B. sein:

- Wir schlagen nicht.
- Wir schubsen nicht.
- Wir treten nicht.
- Wir spucken nicht.
- Jede/jeder wird angehört.
- Wenn sich eine/einer zurückzieht, ist Schluss.
- Mein Zimmer – mein Bereich.

Wann müssen Eltern eingreifen?

Sie greifen als Eltern in den Streit der Geschwister ein, wenn:

- die Streitregeln verletzt werden, weil z. B. geschubst wird
- sich eine Partei mit Gewalt oder um jeden Preis durchsetzen will
- die Geschwister allein keine Lösung finden können[56]

55 Rogge et al., 2021, 128ff.
56 Rogge, 2008, S. 145f.

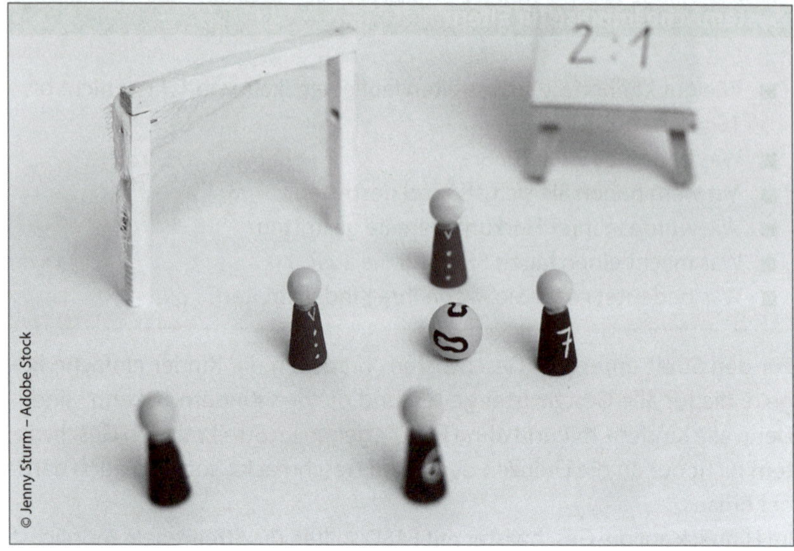

© Jenny Sturm – Adobe Stock

Das Eingreifen in den Streit der Geschwister ist die große Kunst der Eltern. Wenn Eltern zu oft oder zu früh in den Streit der Geschwister eingreifen, nehmen sie den Geschwistern die Chance, selbstständig eine Lösung zu finden und zu lernen, ihre Konflikte eigenverantwortlich zu klären. Dann wiederholen die Geschwister den Streit wahrscheinlich noch öfter, bis sie genug trainiert haben und es schaffen, zu einer Lösung zu kommen.

Eltern können damit rechnen, von jeder der Streitparteien dazu eingeladen zu werden, sich auf die jeweilige Seite zu stellen. Solche Einladungen zum Streit sind z. B.:

- „Der/Die hat angefangen."
- „Der/Die hat mich geschubst."
- „Das ist mein Auto! Ich bin im Recht."
- „Der/Die hat …"
- lautes Geschrei oder andere „Audio-Provokationen", die in Richtung zuhörende Eltern abzielen und mit denen sich eine Partei als unschuldiges Opfer inszeniert.

Stellen sich Eltern im Streit der Geschwister auf die Seite einer „Mannschaft", entsteht ein Machtgefälle zwischen den „Teams". Mit der Parteinahme der Eltern ist die Partie entschieden. Eine Seite wird jubeln, die andere fühlt sich ungerecht behandelt. Damit befeuern Eltern den Konflikt der Geschwister und sind in den Augen der Kinder ungerecht. Die Aufgabe von Eltern im Geschwisterstreit ist nicht die Rolle des Schiedsrichters, denn das wäre ein Einstieg in den Streit. „Wer Partei ergreift, stiftet Unfrieden."[57]

Eltern sind nicht unparteiliche Schiedsrichter, sie sind allparteiliche Eltern. Eltern stehen jedem Kind gleichermaßen zur Seite, unterstützen es und achten darauf, dass es nicht überfordert wird. Eltern tun deshalb gut daran, die Einladungen zum Streit abzulehnen.

Wenn es für Eltern und Geschwister etwas Neues ist, dass die Eltern sich nicht in den Streit unter Geschwistern hineinziehen lassen, ist es möglich, dass zunächst die Kinder ihre Bemühungen, die Eltern in den Streit hineinzuziehen, verstärken. „Das hat doch immer funktioniert – das muss doch gehen!"

Für das Miteinander der Geschwister, die Konkurrenz, die Eifersucht und das Familienklima insgesamt ist entscheidend, wie Eltern in Geschwisterstreitigkeiten eingreifen.

Wenn es um die Frage „Wer hat Recht?" oder um die Frage „Wer hat Schuld?" geht, können Eltern davon ausgehen, dass es nicht um eine Lösung, sondern um die Weiterführung des Streites geht. Eltern bleiben lösungsorientiert und leiten die Kinder an, eine Lösung zu finden.

Ein lösungsorientierter Umgang mit Streit bedeutet, den Kindern die Chance zu geben, zu lernen Lösungen zu finden, und das mit ihnen einzuüben:

- Das vermeintliche „Opfer" des Streites wird kurz (!) getröstet.
- Die „Täterin"/der „Täter" bekommt keinerlei Aufmerksamkeit.
- Ihre Aufmerksamkeit und Energie richten sie auf das Finden einer Lösung.
- Die Leitfrage für das Finden von Lösungen lautet: „Wie bekommen wir die Kuh vom Eis?"
- Wofür brauchen wir eine Lösung?
- Welche Lösungswege gibt es?
- Für welche Lösung entscheiden wir uns?

57 Rogge, 2021, S. 131

Wenn Sie sich die „Kuh-Frage" quasi als Kontrollfrage selbst stellen, werden Sie feststellen, dass manchmal gar keine „Kuh auf dem Eis" steht. Das heißt, es geht um das Streiten an sich, um Konkurrenz, Eifersucht oder ganz anderes. Es geht beim Streit unter Geschwistern, genau wie in der Politik, manchmal nur um das Lärmen an sich, darum Kräfte zu messen, die Aufmerksamkeit der Medien (hier: der Eltern) zu bekommen und nicht in Vergessenheit zu geraten. Auch Kinder sind eben ein Teil der Gesellschaft, in der wir leben.[58]

Was ist beim Streiten mit Geschwistern mit FASD anders?

Zumeist streiten Geschwister ohne FASD mit ihren Brüdern und Schwestern mit FASD, ohne dabei einen Unterschied zu machen, ob sie mit einem Kind mit oder ohne FASD streiten. Die Kinder machen ihre Geschwister mit FASD nicht zu Objekten des Mitleids und schonen sie nicht. Dennoch gibt es beim Streiten mit Kindern mit FASD einige Besonderheiten, die Eltern kennen sollten. Auch bei diesen FASD-bedingten Spezifika ist das Ziel, dass Eltern mit dem FASD arbeiten statt dagegen. So entstehen auch in diesen Situationen Ruhe und Sicherheit im Familienalltag, wovon die Geschwisterkinder profitieren können.

Kinder mit FASD haben hirnorganisch bedingte Gedächtnisprobleme – auch beim Streiten.

Ein Kind mit FASD wird Streitregeln immer wieder vergessen, auch wenn es sie eigentlich kennen könnte. Kinder sind aber grundsätzlich keine Maschinen, die immer gleich funktionieren. Dass ein Kind im Eifer des Streites Regeln „vergisst", ist völlig normal. Die Gedächtnisproblematik kommt bei Kindern mit FASD noch on top dazu. An Streitregeln kann sich grundsätzlich nur der-/diejenige zuverlässig halten, der/die über ein intaktes, zuverlässiges Gedächtnis verfügt.

Durch die Gedächtnisprobleme bei FASD wird es immer wieder zur Verletzung der Streitregeln kommen. Das ist völlig normal und genauso zu erwarten. Sie werden in der Situation von den Eltern erneut ausgesprochen,

58 Frick, 2015, S. 261

um durch jahrelange Wiederholung und Ritualisierung einen Lerneffekt zu erreichen.

Kinder mit FASD haben hirnorganisch bedingte Probleme mit der Impulskontrolle – auch beim Streiten.

Kinder mit FASD leben ihre Impulse (Freude, Wut, Ideen, …) in der Regel sofort und oft auch ungebremst aus. Wenn sie wütend werden, sich über die Schwester oder den Bruder ärgern, dann reagieren sie möglicherweise zu heftig. Kinder mit FASD sind zudem oft ungehemmt laut oder verleihen ihrer Wut vielleicht Ausdruck, indem sie mit Gegenständen werfen.

Eltern, deren Kinder die Diagnose früh erhalten haben, haben von deren Kleinkindalter an das Signal „Stopp" eingeübt. Hier spielen die späte Diagnose und fehlende Aufklärung manchmal sehr konkret in den Familienalltag hinein. Denn mit einem Stoppsignal, das über Jahre geübt wurde, können Situationen in den späteren Jahren leichter unterbrochen und in andere Bahnen gelenkt werden. Ist das Kind älter, „ernten" Eltern mit dem bekannten „Stopp" oder auch mit dem bekannten „Nein" die Früchte der Arbeit, die sie schon im Kleinkindalter ihres Kindes begonnen haben, um diese Abbruchsignale über Jahre einzuführen.

Ein Stoppen reicht bei Impulskontrollstörungen aus. Eine kurze Erklärung kann hinzukommen, z. B.: „Du bist zu heftig."
Für Notfälle gibt es Regelungen für die Geschwisterkinder. Sie müssen und können das Herunterfahren der Schwester oder des Bruders nicht allein regeln. Das ist Sache der Erwachsenen.

Kinder mit FASD haben hirnorganisch bedingte Probleme mit der Affekthemmung – auch beim Streiten.

Kinder mit FASD haben meist keine Scheu und keine innere Grenze, die sie am Gebrauch sehr beleidigender Ausdrücke für ihre Geschwister hindern würden. Dieses Verhalten ist auch bei anderen hirnorganischen Psychosyndromen wie Demenzerkrankungen oder bei Autismus-Spektrum-Störungen (ASS) bekannt. Es ist im Rahmen von FASD normal und deshalb zu erwarten.

Auch hier reicht es aus, das Verhalten zu stoppen. Die Eltern, die dies bereits mit ihrem Kind im Kleinkindalter eingeübt haben, können sich glücklich schätzen, weil die Chancen gut stehen, dass es langfristig funktioniert und sich das Kind auch stoppen lässt.

Die Geschwisterkinder wachsen in diese „FASD-Normalität" hinein und finden meist ihren Weg, damit umzugehen.

In der Familie leben die Kinder Isabella (15 J., ohne FASD), Ida (12 J., mit FASD) und Ines (7 J., ohne FASD) zusammen. Ines ist ruhig und eher introvertiert. Sie hat Freundinnen und viele Hobbys. Sie zieht sich viel zurück.
Isabella und Ida geraten täglich aneinander. Isabella lässt sich nichts von Ida gefallen. Wann immer sie sich ihr gegenüber „blöd" benimmt, gibt sie der Schwester Kontra. Die beiden kämpfen jeden Tag darum, wer wem etwas zu sagen hat und wer die Regeln bestimmt. Ida gibt ebenfalls Kontra und meist kann man weder sagen, wer angefangen hat, oder nachvollziehen, warum die beiden schon wieder streiten. Beide werden ausschließlich laut, brüllen sich an und knallen Türen. Ida wird bei den Auseinandersetzungen verbal deutlich heftiger und auch lauter als Isabella.
Die Mutter leidet unter der Situation. Die beiden Teenager nicht.

Mögliche Interventionen und Unterstützung für die Geschwisterkinder:

- Um was macht sich die Mutter konkret Sorgen? Was belastet sie?
- Droht eine Gefahr für die ältere Isabella durch Ida?
- Wenn Ida zu tätlichen Angriffen neigen würde, wüsste die Familie das schon. Das Thema wäre längst auf dem Tisch. Es bleibt beim Beleidigen und Türenknallen durch Ida.
- Ist es ein Alarmzeichen, dass sich die jüngere Schwester Ines zurückzieht, wenn die Schwestern streiten?
- Ines ist ein fröhliches Kind mit guten Schulnoten, Freundinnen und Hobbys. Sie ist kreativ. Allein der Rückzug in ihr Zimmer an sich ist kein Hinweis auf ein Problem. Ganz im Gegenteil: Ines reagiert klug. Sie ist die Jüngste. Sie scheint ihre Position innerhalb des Geschwisterkreises zu kennen. Was soll sie ausrichten? Sich auf eine Seite schlagen? Sie begibt sich lieber in eine neutrale Zone und lässt sich nicht hineinziehen.

- Der Streit belastet die Mutter möglicherweise, weil es in ihrem Wertekanon nicht vorgesehen ist, dass Geschwister sich streiten. Mögliche Lösungen sind also auf der Ebene der Mutter oder der Eltern zu suchen und nicht bei den Geschwistern.
- Vater oder Mutter sollten die Kommunikation zwischen den Kindern dort unterstützen, wo es behinderungsbedingt zu Missverständnissen kommt und die Streitparteien einander nicht verstehen. Dies könnte im Sinne einer Übersetzung „FASD – Welt/Welt – FASD" geschehen.
- Isabella ist 15 Jahre alt. Ist sie über FASD aufgeklärt?
  - Weiß sie, was Ida kann und nicht gut kann?
  - Weiß sie, was Ida im Alltag stresst und überfordert?
  - Kann sie Ida einschätzen?
- Gibt es Familienregeln, die die Kinder kennen?
  - Z.B.: Deine Freiheit endet da, wo die Freiheit der anderen beginnt. Das hieße hier:
  - Geht zum Rumbrüllen in eure Zimmer, hier möchte ich in Ruhe lesen.
  - Geht auf eure Zimmer, Ihr stört die anderen.
- Die Eltern unterstützen Ida und Isabella dabei, konkrete Lösungen für konkrete Streitfragen zu finden.

Es fällt den Eltern schwer, den Streit auszuhalten. Es gibt in der Familie keine Streitkultur, da Streiten generell als Problem angesehen wird und das Ziel ein Familienleben ohne Streit ist. Dazu kommt, dass Ida ihre Schwester mit Ausdrücken beschimpft und beleidigt, die man laut Wertekanon der Eltern nicht benutzen darf.

Eine gute Unterstützung der Schwestern wäre eine Erlaubnis zum Streit, die Einführung von Streitregeln und Grenzen (wie z.B.: Andere Familienmitglieder werden nicht gestört). Je weniger sich die Eltern über den Streit der beiden aufregen und je weniger Energie sie diesem Thema widmen, desto seltener werden sich die beiden Schwestern vielleicht sogar streiten, denn der Streit der beiden hat etwas von einer Theateraufführung und die ist ohne Publikum ja nicht sehr attraktiv.

Systemische Impulse für Eltern

- Was ist das Problem?
- Wer hat das Problem?
- Was ist der gute Grund für den Streit?
- Wer gewinnt was bei diesem Streit?
- Was ändert sich, wenn Vater/Mutter den Streit ignoriert?

Es ist nötig, dass Eltern in den Geschwisterstreit eingreifen, wenn die Kinder allein keine Lösung finden können.

Es ist zu erwarten, dass dies bei Streit unter Geschwistern mit Schwestern und Brüdern mit FASD möglicherweise häufiger der Fall ist als bei Geschwisterstreit ohne ein Kind mit FASD.
Streitgespräche verlaufen oft schnell und haben viel innere Dynamik. Ein Kind mit FASD wird häufiger der Kommunikation in Worten, Mimik und Gestik nicht so schnell folgen können und nur wenig verstehen. Dennoch sieht es sich selbstverständlich als Streitpartner/in auf Augenhöhe und gibt weiter fleißig Kontra oder stellt Forderungen.
Deshalb ist, abhängig vom Alter der Kinder und der Persönlichkeit der Geschwister, in vielen Fällen die Unterstützung der Eltern beim Finden von Lösungen nötig. Damit werden zum einen alle Kinder in der Einübung einer gesunden Streitkultur unterstützt und zum anderen werden die Streitsituationen in eine andere Bahn gelenkt.
Neigt das Kind mit FASD dazu, im Streit zu schubsen, zu treten oder zu Ähnlichem, sollten die Eltern Streitsituationen im Blick haben und ggf. präventiv handeln.

Jan (10 J., ohne FASD) und Jonas (8 J., mit FASD) streiten sich täglich in der gleichen Situation und zur gleichen Uhrzeit. Am Abend dürfen die Kinder nach dem Abendessen noch fernsehen. Sie gucken immer die gleiche Sendung auf dem gleichen Sender. Die Familienregel lautet: Wenn die Sendung zu Ende ist, wird das Fernsehen ausgemacht. Jeden Abend will Jan die Fernbedienung nehmen und Jonas macht daraus einen Wettkampf. Er will die Fernbedienung auch nehmen und versucht schneller zu sein als sein Bruder. Wenn ihm das nicht gelingt, will er Jan die Fernbedienung abnehmen, notfalls mit Körpereinsatz.

An manchen Abenden gibt Jan nach und überlässt die Fernbedienung dem Bruder. Aber an anderen Abenden geht ihm das Verhalten von Jonas gegen den Strich und er hält dagegen. An diesen Abenden eskaliert die Situation und Jonas greift seinen Bruder ernsthaft an.

Mögliche Interventionen und Unterstützung für die Geschwisterkinder:

- Der Wettkampf um die Fernbedienung hat das Potenzial zur Eskalation. Diese Situationen kann Jan nicht allein händeln.
- Es besteht Handlungsbedarf vonseiten der Eltern.
- Es sollte eine klare Absprache geben, wer die Hoheit über die Fernbedienung hat. Diese Regel wird den Kindern bekannt gemacht. Z.B.:
  - immer der Ältere oder
  - wochenweise im Wechsel. Dann sollte ein Piktogramm aufgehängt werden, das anzeigt, wer gerade dran ist.
  - Es gibt keine Ausnahmen.
- Jan und Jonas haben ihren Streit ritualisiert. Ein Ritual zu verändern ist in der Regel schwieriger, als etwas Neues zu ritualisieren.
- Generell nicht in Konkurrenz mit dem Bruder zu gehen, kann für Jonas nicht ritualisiert werden. Die Konkurrenz mit dem Bruder entspringt Gefühlen wie Neid und Eifersucht. Jonas kann nicht lernen, diese Gefühle nicht zu empfinden.
- In der Übergangsphase zu einem neuen Ritual bezüglich des Fernsehens sollten Vater oder Mutter zum Ende der Sendung im Wohnzimmer sein und sicherstellen, dass die neuen Absprachen funktionieren.
- So übernehmen die Eltern die Verantwortung für die Situation und entlasten den Bruder.

Ein Wettstreit zwischen Brüdern ist normal. Jonas darf sich durchsetzen wollen und mit seinem Bruder Jan um seine Position in der Rangfolge der Brüder streiten. Die Lautstärke eines Streites, knallende Türen und primitive Beleidigungen rufen Eltern in der Regel auf den Plan. Solches Benehmen stört sie persönlich und ist für sie selbst ein „No-Go". Es gehört bei FASD aber dazu. Es ist unschön, aber ungefährlich. Fängt in einem Streit aber eines der Geschwisterkinder an zu schubsen o.ä., sollte die Situation unbedingt von den Eltern aufgelöst werden.

Präventives Handeln zur Vermeidung von Störungen heißt Verantwortung wahrzunehmen

Wiederholen sich Streitigkeiten um die gleiche Sache zur gleichen Zeit immer wieder, ist es nötig, präventiv zu handeln. Wenn FASD im Spiel ist, ist nicht zu erwarten, dass sich diese Streitigkeiten von allein in Luft auflösen. Bei FASD „grüßt täglich das Murmeltier"[59] und das kann im Alltag heißen, dass sich das Kind täglich um die gleiche Sache streitet und zur gleichen Zeit, in der gleichen Situation schubst oder flippt. Präventives Handeln ist deshalb bei FASD in manchen Situationen kein pädagogisches Versagen, sondern ein Muss, mit dem Eltern ihre Verantwortung adäquat wahrnehmen. Manchmal drückt sich Verantwortung dadurch aus, dass Eltern eine Situation gar nicht erst entstehen lassen.

> *Kevin (12 J., ohne FASD), Keanu (10 J., ohne FASD) und Kai (9 J., mit FASD) stehen morgens zur gleichen Zeit auf, um zur Schule zu gehen. Kai macht gerne einen Wettstreit aus der Morgenroutine. Die Brüder halten dagegen und es kommt jeden Morgen zu einem heftigen Streit um das Badezimmer. Wer darf zuerst hinein? Wer darf zuerst an die elektrische Zahnbürste? Usw. Der Streit endet meist damit, dass Kai die Brüder heftig schubst. Er möchte den Wettkampf gewinnen und setzt dafür alle Mittel ein. Eine Grenze kennt er dabei nicht. Er kann seine Kraft nicht dosieren und schubst viel zu heftig. Er weiß nicht, wie gefährlich ein Sturz im Badezimmer sein kann.*

Mögliche Interventionen und Unterstützung für die Geschwisterkinder:

- Kai möchte mit den Geschwistern mithalten. Er misst sich mit ihnen, vergleicht sich und möchte den internen Wettbewerb der Geschwister auch mal gewinnen. Das darf er.
- In manchen Situationen im Alltag können die Eltern diesen Wettbewerb beruhigt laufen lassen.
- Schubsen im Bad ist aber gefährlich.
- Kevin und Keanu können die Situation nicht selbst lösen und brauchen deshalb hier die Unterstützung der Eltern.

59 „Und täglich grüßt das Murmeltier", Originaltitel: Groundhog Day, Film von Harold Ramis, USA, 1993

- Die Badezimmersituation ist für Kai an sich schon zu chaotisch und er weiß nicht, was er zu tun hat.
- Kai braucht einen übersichtlichen, einfachen Ablaufplan am Morgen, den er abarbeiten kann.
- Diesen Ablauf kann er ritualisieren und genauso täglich durchführen.
- So kommt Ruhe in den Morgen.

Die Eltern sorgen mit einem Ablaufplan dafür, dass die Geschwisterkinder morgens nicht mehr in diese Situation kommen und entspannen die Situation so für alle Kinder.

Im Beispiel von Kai und seinen Brüdern kann Kai nichts aus der Situation lernen. „Ich bin auch dran!", „Die wollen mich wegdrängen!", ist seine Wahrnehmung der Situation. Mehr versteht er hier nicht. Seine Reaktion basiert auf einem Gefühl. Er fühlt sich benachteiligt und kämpft für sein Recht. Die Ursachen der Störung sind hier normale FASD-Symptome wie z. B. fehlende Impulskontrolle, eingeschränktes Sprachverständnis und soziale Unreife.

Würde dennoch mit reflektierenden Gesprächen und Konsequenzen als pädagogische Mittel mit dem Kind gearbeitet, hieße das, die Verantwortung von den Eltern auf das Kind zu übertragen. Das Kind soll dann die Verantwortung für sein Handeln tragen, sein Handeln überdenken und verändern. Mit anderen Worten: Es soll etwas heilen, was es nicht heilen kann. An solchen Beispielen wird deutlich, dass eine normale, nicht FASD-spezifische Pädagogik, nicht nur nicht hilft, sondern bisweilen sogar dem Kind und den Geschwistern schaden kann.

Streit unter Geschwistern ist gesund.

Die Aufgabe der Eltern ist es nicht, Geschwisterstreit auf jeden Fall zu verhindern, sondern im Familienalltag auf faire Wettkampfbedingungen unter den streitenden Geschwistern zu achten und mit den Kindern demokratische Prozesse und Regeln einzuüben. Dies wird stetig für alle Kinder wiederholt:

- Die Großen buttern die Kleinen nicht unter, nur weil sie schneller, wortgewandter und stärker sind.
- Wenn es darum geht, gehört und gesehen zu werden, haben alle Kinder die gleichen Rechte.

- Mit Gewalt lösen wir keine Konflikte.
- Wir sprechen miteinander.
- Im Falle eines Konfliktes hilft es selten, dasjenige Kind zu bestrafen, das zugeschlagen hat. Hilfreich ist es, zunächst für Deeskalation zu sorgen.
- Wir suchen, wann immer es möglich ist, nach Lösungen.
- Eltern sollten allparteilich bleiben und sich auf keine Seite ziehen lassen.

Literaturtipps für Eltern und Kinder

Mireille d'Allancé:
Robbi regt sich auf, Moritz Verlag, ISBN: 978-3-89565-113-7

Doris Dörrie:
Mimi ist sauer, Diogenes Verlag, ISBN: 978-3-257-01106-7

Marie Hübner:
Ich kauf mir einen neuen Bruder, Pixie Carlsen,
ISBN: 978-3-473-32370-8

Robert Munch, Michael Martchenko:
Thomas Schneeanzug, Pixi-Serie 123, Nr. 1046

Verena Kast:
Abschied von der Opferrolle. Das eigene Leben leben,
Herder Verlag, ISBN: 978-3-451-05374-0

7.4 Konkurrenz

Geschwister stehen miteinander in Konkurrenz.

Geschwister müssen sich die im Elternhaus vorhandenen Ressourcen, die Aufmerksamkeit und Zuwendung der Eltern von Anfang an teilen.
Kein Baby kommt auf die Welt und stellt sich in diesem Wettbewerb freiwillig hinten an, als hieße das Motto: „Für mich reichen die Reste. Ich warte ab, was meine Geschwister übrig lassen." Ein Baby schreit. Es will die Auf-

merksamkeit der Eltern, ihre Zuwendung und ausreichend Nahrung – wer noch versorgt werden muss, ist ihm gleichgültig. Das Schreien des Babys ist eine erfolgreiche Strategie, die dem Kind nützt, sein Ziel zu erreichen, und die Konkurrenz mit den Geschwistern beginnt.[60]
Ist das Konkurrenzniveau unter den Geschwistern im grünen Bereich, hat die Geschwisterkonkurrenz positive Seiten und ist wichtig für die Entwicklung der Kinder.[61]

Die Geschwisterkonkurrenz fördert z. B. die Entwicklung der Persönlichkeit und der Autonomie der Geschwister.[62] „Geschwisterliches Kräftemessen ist eine unabdingbare Fähigkeit und auch nützlich, um zu Eigenständigkeit und Selbstbewusstsein zu gelangen."[63]

Die Ungleichbehandlung der Kinder durch ihre Eltern ist ein Antriebsmotor für die Konkurrenz unter den Geschwistern.

Gute Eltern verteilen ihre Aufmerksamkeit und die vorhandenen Ressourcen nicht absolut gleich, sondern immer angemessen. Je nach Alter und Bedarf der Kinder erhält jedes Kind das, was es für seine Entwicklung momentan braucht. Eltern versuchen so, allen Kindern möglichst gerecht zu werden, jedes Kind individuell zu fördern und je nach Alter des Kindes und der Situation möglichst gerechte und faire Entscheidungen zu treffen. Das ist sinnvoll und notwendig, aber Kinder bewerten diese Ungleichbehandlung durch die Eltern oft anders.
Sie beobachten genau, wie die Eltern ihre Zuneigung und Aufmerksamkeit unter den Geschwistern verteilen. „Kinder bewerten Eltern am alltäglichen Handeln."[64] Wer krank ist, erhält mehr Zuwendung, wer langsam ist, erhält mehr Zeit und wer älter ist, erhält mehr Privilegien. Das ist in den Augen eines Kindes möglicherweise eine ungerechte Ungleichbehandlung. Ein Kind erkennt nicht die Notwendigkeit oder den Sinn, der Eltern so entscheiden lässt. Wenn sich ein Kind aufgrund seiner Beobachtungen

60 Frick, 2015, S. 56f.
61 Frick, 2015, S. 269
62 Frick, 2015, S. 272f.
63 Frick, 2015, S. 272
64 Rogge, 2013, S. 86

gegenüber den Geschwistern zurückgesetzt fühlt, ist zu erwarten, dass es handeln wird.[65]

Kinder finden in der Regel Wege und Lösungen, um die Aufmerksamkeit von Mutter oder Vater zu bekommen und die Konkurrenz mit den Geschwistern für sich zu entscheiden. Dabei können sie alle Register ziehen und mitunter tief in die Trickkiste greifen.[66]

Ein Klassiker, den alle Eltern vermutlich kennen, ist dabei die negative Aufmerksamkeit. Ein Kind zieht beispielsweise das Geschwisterkind an den Haaren oder nimmt dem Geschwisterkind den Legostein weg. Daraufhin weint das Geschwisterkind und ruft die Eltern um Hilfe. Vater oder Mutter eilen herbei und schimpfen. So steht das Kind sofort im Mittelpunkt elterlicher Aufmerksamkeit. Es ist zwar negative Aufmerksamkeit, aber immerhin: Reibung erzeugt schließlich auch Wärme. Beim Zusammenleben mit Schwestern und Brüdern mit FASD greifen Geschwisterkinder vielleicht seltener zu dieser Methode. In vielen Fällen erhält das Kind mit FASD im Alltag bereits viel negative Aufmerksamkeit von den Eltern, da es FASD-bedingt täglich in unserer komplizierten Welt viele Fehler macht. Das bedeutet aber zumeist, dass die Geschwisterkinder diesen Weg Aufmerksamkeit von den Eltern zu bekommen nicht so oft nutzen. (Das mag im Alltag dann so aussehen, als lebe in der Familie ein Kind mit FASD und ein „braves" Geschwisterkind. Dieser Eindruck kann aber täuschen!)

Eine andere Art Aufmerksamkeit von Mutter oder Vater zu bekommen ist es, innerhalb der Familie zur „großen Hilfe" zu werden. Ob diese Rolle der „großen Hilfe" immer noch Mädchen vorbehalten ist, wie es in der Geschwisterforschung noch immer zu finden ist, oder die Rolle der „großen Hilfe" inzwischen auch von Jungen ausgefüllt werden kann, sei hier dahingestellt.[67]
Die „große Hilfe" zeichnet sich geschlechtsunabhängig durch frühe, erwachsen anmutende Vernunft und ein großes Maß an Selbstständigkeit aus. Diese Variante zur Erlangung der Aufmerksamkeit der Eltern kommt bei Geschwistern von Kindern mit Behinderungen ebenso wie bei Geschwistern von Babys und Kleinkindern vor. Bei Geschwisterkindern von

65 Rogge, 2013, S. 87
66 Rogge, 2019, S. 177
67 Rogge, 2019, S. 177

Kindern mit FASD wird die „große Hilfe" vielleicht nicht bei der Versorgung des Geschwisterkindes mit FASD helfen können, dazu ist die Betreuung eines Kindes mit FASD in der Regel zu anspruchsvoll und zu aufwendig. Aber die „große Hilfe" kann das Kind sein, das den Eltern nie Ärger macht, immer vernünftig ist und fleißig im Haushalt hilft, um die Eltern zu entlasten.
Eine weitere Variante, um die Geschwisterkonkurrenz für sich zu entscheiden, ist die Selbstinszenierung als „bemitleidenswertes Wesen". Bemitleidenswert ist ein Kind, das immer wieder die Opferposition unter den Geschwistern einnimmt und so an den Hilfereflex der Eltern appelliert.[68]

Die Ursache für alle diese Varianten scheint auf den ersten Blick bei den Geschwistern zu liegen. Aber dahinter steht oft das Gefühl des Kindes, gegenüber den Geschwistern benachteiligt zu sein. Es fühlt sich von den Eltern übersehen oder zweitrangig und überflüssig in der eigenen Familie.[69]

Wie können Eltern Abhilfe schaffen?

- Die Eltern zeigen bewusst allen Kindern ihre Wertschätzung.
- Die Eltern loben jedes Kind für seine individuellen Erfolge.
- Die Eltern führen jedem Kind seine Stärken vor Augen.
- Die Eltern vergleichen die Kinder nicht. Nicht offen, aber auch nicht versteckt und insgeheim. Das schürt eine ungute Rivalität und hat evtl. sogar langfristig Auswirkungen auf die Geschwister und die Geschwisterbeziehungen.[70]
- Jedes Kind ist so okay, wie es ist.
- Die Eltern sprechen in der Familie offen über die Ungleichbehandlung der Geschwister. Sie erklären den Kindern, warum Eltern ihre Kinder fair, aber nicht gleich behandeln.
- Die Eltern akzeptieren die Gefühle ihrer Kinder. Kinder dürfen Eltern ungerecht finden, neidisch auf die Geschwister sein und in den Wettstreit mit den Geschwistern treten.

Erhalten die Kinder genug Wertschätzung von ihren Eltern und fühlen sich angenommen und geliebt, wird die Konkurrenz unter den Geschwistern sehr wahrscheinlich auf einem niedrigen Niveau bleiben oder auf ein niedriges Niveau zurückgehen. Ganz verschwinden kann die Geschwisterkon-

68 Frick, 2015, S. 227f.; Rogge et al., 2021, S. 112
69 Frick, 2015, S. 228
70 Frick, 2015, S. 222f.

kurrenz nicht, denn die Geschwister brauchen sie für ihre Entwicklung und als Antrieb auf dem Weg zu neuen Ufern. Konkurrenz belebt das Geschäft – das gilt auch innerhalb der Familie.

FASD-Joker: Hier drücken!

Kinder wissen, welche Knöpfe sie bei ihren Eltern drücken müssen – auch Geschwisterkinder von Kindern mit FASD.

Dass Kinder in die Trickkiste greifen, um bei den Eltern ihre Ziele zu erreichen, ist völlig normal und kein Grund zur Sorge. Erfahrene Eltern wissen das und durchschauen diese Versuche meist.

Gibt es in der Familie Diskussionen um FASD oder stehen die Eltern nicht zu hundert Prozent hinter ihrem Kind mit FASD, nehmen die Geschwister das selbstverständlich wahr. Dann kann FASD zur Achillesferse der Eltern werden und wird zum „Knopf", den die Geschwisterkinder bei Bedarf drücken können.

Die Eltern im Beispiel von Nele und Nicki haben sich für ein Pflegekind entschieden, weil sie einem benachteiligten Kind eine Chance bieten wollten. In der Praxis mussten sie dann erleben, dass das Kind schwieriger war als erwartet: nicht dankbar, laut, arbeitsintensiv und insgesamt in seinem Verhalten völlig anders, als sie es von Kindern bis dahin kannten. Durch die Aufnahme des Pflegekindes hat sich das gesamte Familienleben verändert.

Die Eltern stecken in einem echten Dilemma und haben noch nicht entschieden, ob ein Kind mit FASD einen Platz in ihrem Leben haben darf. Einerseits gehört das Pflegekind inzwischen zur Familie und es ist emotional undenkbar, das Pflegeverhältnis zu beenden. Andererseits hätten die Eltern der Aufnahme des Kindes nicht zugestimmt, wenn sie gewusst hätten, was da auf die ganze Familie zukommt.

Nicki ist 14 und ihre Schwester Nele ist 5 Jahre alt. Nele hat FASD. Nele beschäftigt die Eltern zeitlich und nervlich sehr stark. Nicki ist viel unterwegs, ist im Sportverein aktiv und trifft sich mit ihren Freundinnen.

Sie ist ein normaler Teenager. Sie ist gut in der Schule. Weder auf dem Schulhof noch beim Sport oder in der Peergroup fällt sie irgendwie aus dem Rahmen. Wenn sie die Spülmaschine ausräumt oder den Rasen mäht, stellt sie ihre Begleitmusik so richtig laut.
Nicki beklagt sich bei ihrer Mutter immer wieder unter Tränen: Sie leide so sehr darunter, dass Nele so ein lautes Kind ist. Davon bekomme sie so schlimme Kopfschmerzen. Das sei nicht auszuhalten.
Die Mutter reagiert darauf besorgt. Dass ihre Tochter wegen des FASD leidet, macht ihr ein schlechtes Gewissen.

Das Dilemma der Eltern weiß Nicki zu nutzen. Sie drückt den „FASD-Knopf" regelmäßig:

- Die Pflegeschwester ist zu laut.
- Die Pflegeschwester macht so viel Theater.
- Wegen der Pflegeschwester sind manche Ausflüge, die sie gerne machen möchte, nicht möglich.
- Sie leidet wegen des FASD der Pflegeschwester.
- Sie hat Kopfschmerzen wegen der Pflegeschwester.

Was auch immer Nicki vorbringt, rührt an das schlechte Gewissen der Eltern und Nicki wird umsorgt.

Mögliche Interventionen und Unterstützung für die Geschwisterkinder:

- Die Eltern klären für sich die Frage, ob sie FASD akzeptieren und sich darauf einstellen wollen.
- Zu klären ist in Bezug auf die Kopfschmerzen:
  - Hat Nicki auch in anderen Situationen Kopfschmerzen?
  - Gibt es eine körperliche Ursache?
  - Bekommt Nicki genug Schlaf?
  - Trinkt sie genug?
  - Ist die Sehkraft überprüft worden?
  - Wie steht es mit ihrem Medienkonsum? Starrt sie zu viel auf Bildschirme?
- Mit störendem Krach müssen alle umgehen, nicht nur Nicki: der Nachbar hämmert und bohrt, die Nachbarin mäht den Rasen, die WG nebenan feiert Partys, …
- Abhilfe bei Störgeräuschen könnte z. B. hergestellt werden durch:

  - Kopfhörer
  - Raumwechsel in der konkreten Situation: Z. B. darf Nicki ausnahmsweise ins Arbeitszimmer, weil es dort ruhig ist.
  - Wenn möglich räumliche Distanz zwischen den Kinderzimmern schaffen, z. B. Erdgeschoss und Dachgeschoss.
- Die Familienregel lautet: Wir akzeptieren uns so, wie wir sind. Das darf Nicki ablehnen, aber die Eltern leben es dennoch vor, weil sie es für richtig halten.
- Die Eltern sehen die Lautstärke von Nele als normal an.
- Die Eltern führen ein Gespräch mit Nicki über Neles Besonderheiten und werben für Akzeptanz.

Geschwisterkinder haben keine Scheu, den „Knopf FASD" zu drücken, wenn das bei ihren Eltern den gewünschten Erfolg bringt.
Geschwisterkinder schonen ihre Schwestern und Brüder mit FASD nicht und treten mit ihnen, wie mit jedem anderen Geschwisterkind, in Konkurrenz. Die Geschwisterkonkurrenz funktioniert in beide Richtungen: Auch die Geschwisterkinder können ihrerseits austeilen und auf ihren Vorteil bedacht sein.

Wann wird Konkurrenz unter Geschwistern zum Problem?

Erkennen Eltern nicht, was das Kind eigentlich sagen will oder was es braucht, oder sehen sie sogar bewusst weg, wird sich die Geschwisterkonkurrenz im Laufe der Zeit vermutlich steigern.[71]

Es ist völlig normal, dass sich Eltern über die Jahre immer mal wieder einem Kind verbundener fühlen, ihm mehr Zeit und mehr Aufmerksamkeit widmen als den anderen Kindern der Familie. Normalerweise reguliert sich das und jedes Kind rückt mal in den Mittelpunkt.

Zum Problem wird die Bevorzugung eines Kindes, wenn daraus eine dauerhafte Bevorzugung oder übermäßige Behütung eines Kindes wird.[72] Durch die dauerhafte Bevorzugung eines Kindes entsteht ein Gefälle zwischen den Geschwistern. Das eine Kind gewinnt an Macht, hat mehr Einfluss und einen besseren Zugang zu den Ressourcen der Eltern.

71 Rogge, 2019, S. 177
72 Frick, 2015, S. 222f.

© tiero – Adobe Stock

Dadurch gibt es ein massives Ungleichgewicht zwischen den Geschwistern. Dieses Ungleichgewicht kann zu stark gestörten Geschwisterbeziehungen führen und die Geschwisterrivalität wird geschürt.

Die Folge kann ernsthaft gefährliches Verhalten gegenüber den Geschwistern oder selbstzerstörerisches Verhalten sein.[73] Gesundheitliche Folgen wie Depressionen, Schlafstörungen und Regression (= Zurückentwicklung) können bei dem Kind auftreten, das sich auf Dauer durch das Verhalten von Geschwistern und Eltern als das Schwächere in der Geschwisterkonkurrenz erlebt.[74]

Zerstörerisches Verhalten gegenüber Geschwistern kann in Einzelfällen bis zu Gewalt unter den Geschwistern (ohne FASD!) gehen.[75] Ist ein Kind mit FASD dauerhaft in der Geschwisterrivalität unterlegen, kann die Rivalität bis zum aus der Familie mobben gehen. In der Folge wird das Kind mit FASD möglicherweise – auch wenn es ein leibliches Kind oder Stiefkind ist – im Heim oder Internat untergebracht.

Hinter der Rivalität unter Geschwistern stehen stets Gefühle wie Eifersucht, Neid und Angst vor dem Verlust von Liebe und Zuwendung.[76]

Welche negativen Folgen eine massive Geschwisterrivalität für das schwächere Kind haben kann, können die Rivalen nicht überblicken oder bedenken es im Chaos ihrer Gefühle nicht.

Konkurrenz unter Geschwistern hat, wie wir gesehen haben, zwei Seiten: eine konstruktive und eine destruktive Seite.[77] Solange Geschwister schrei-

73 Frick, 2015, S. 238
74 Frick, 2015, S. 230
75 Frick, 2015, S. 231
76 Rogge, 2019, S. 172ff.
77 Frick, 2015, S. 22

en, Türen knallen und sich streiten, können Eltern – trotz aller Nerven, die das kostet – auch aufatmen, denn: Nur starke Kinder streiten![78]

Literaturtipps für Eltern und Kinder

Luise F. Pusch (Hg.):
Schwestern berühmter Männer, Insel Verlag, ISBN 9783458324966

Helen Lester/Lynn Munsinger:
Tacky, der Pinguin, Lentz, ISBN 9783880101906

Charles M. Schulz:
... Geschwister sein dagegen sehr, Baumhaus Medien, ISBN 9783831500512

Caroline Rothe:
Der Pfau und die Sau,
Pixi-Serie 118, Nr. 1001, Carlsen Verlag, ISBN 9783551043016

Helme Heine:
Der Hase mit der roten Nase, Beltz & Gelberg, ISBN 9783407770066

7.5 Eskalation

Sie haben es als Eltern eines Kindes mit FASD unter Umständen mit einem Kind zu tun, das mehr oder weniger regelmäßig flippt oder ausfallend wird. Impulsdurchbrüche, Flippen und Eskalation sind im Kontext von FASD, Autismus-Spektrum-Störung (ASS), Trauma, Psychosen oder Demenzerkrankungen zu erwarten. Je mehr Sie sich mit FASD beschäftigt haben, desto eher wissen Sie bereits, dass Impulsdurchbrüche hirnorganisch bedingt sind und zur normalen FASD-Symptomatik gehören. Weder Eltern noch Profis können diese Ursachen beseitigen. Das Ziel, dass das Kind mit FASD nie wieder flippt, ist nicht erreichbar.

78 Rogge, 2008, S. 276ff.

Wenn das Kind als Pflege- oder Adoptivkind noch anderes mitbringt, wie z. B. Traumatisierungen, Vernachlässigung, Gewalterfahrung oder Brüche im Leben durch Unterbringungswechsel im Rahmen der Jugendhilfe, werden Impulsdurchbrüche wahrscheinlich (sehr viel) häufiger ein Thema sein, als dies bei anderen Kindern mit FASD der Fall ist.

Ob und wie in der Familie mit FASD umgegangen wird, ist ein wesentlicher Faktor, der die Häufigkeit oder auch die Intensität von Impulsdurchbrüchen entscheidend beeinflusst. FASD-spezifische Erziehung hilft den Kindern und kann viel zur Entwicklung eines guten Sozialverhaltens beitragen. Umgekehrt wird eine „normale" Erziehung die Probleme wahrscheinlich größer werden lassen. Verschwinden werden Impulsdurchbrüche jedoch nie, weil die Ursachen auf ganz anderen Ebenen liegen. Die Spitzen der Impulsdurchbrüche können ggf. durch eine Medikation gemildert werden, wenn dies ärztlicherseits sinnvoll erscheint. Das FASD-spezifische Vorgehen von Eltern ersetzen die Medikamente aber nicht. Im Idealfall unterstützt eine Medikation das Kind zusätzlich.

Es gibt für Eltern verschiedene Wege, lösungsorientiert mit behinderungsbedingten Impulsdurchbrüchen umzugehen:

Prävention:
Eltern haben ihr Kind mit FASD im Blick. Sie erkennen drohendes Flippen durch Überreizung oder Überforderung rechtzeitig, bevor es richtig losgeht. Die Eltern handeln präventiv, bevor das Kind flippt, und nehmen es aus der Situation heraus.

Deeskalation:
Was möchten Eltern erreichen, wenn ihr Kind zu flippen beginnt oder schon flippt? Die Antwort auf diese Frage entscheidet in der ersten Sekunde, in welche Richtung es gehen wird:

- Möchten Eltern Recht haben und bestehen sie darauf, dass das Kind dies anerkennt?
- Oder hat es für Eltern oberste Priorität die drohende Eskalation zu verhindern?

Henrik (14 J., mit FASD) macht sich zusammen mit seinen Geschwistern Hannah (12 J., ohne FASD) und Helena (10 J., ohne FASD) Sandwiches im offenen Wohn- und Essbereich.
Auf einmal ärgert sich Henrik, weil er sich provoziert fühlt. Manchmal reicht dafür ein Blick der Geschwister aus.
Henrik flippt. Er wirft das Holzbrett und den Käse auf den Boden. Er brüllt rum und beleidigt seine Geschwister wüst. Dann rennt er aus dem Raum und stürmt in sein Zimmer. Er knallt die Tür mit aller Kraft hinter sich zu.
Seine Mutter findet sein Verhalten nicht in Ordnung. Sie geht ihm nach, um mit ihm über sein Verhalten zu sprechen. Ohne zu klopfen, öffnet sie die Tür zu Henriks Zimmer. Die Mutter bleibt im Türrahmen stehen und beginnt ein Gespräch, in dem sie Henrik zur Reflexion seines Verhaltens auffordert.
Henrik ist immer noch wütend und brüllt seine Mutter an. Sie bleibt stehen und redet weiter. Henrik brüllt weiter und baut sich vor seiner Mutter auf. Sie besteht darauf, dass Henrik einsieht, dass sein Verhalten nicht akzeptabel ist, und droht ihm mit Konsequenzen. Henrik schlägt seine Mutter, die immer noch den Ausgang versperrt, nieder und rennt über sie drüber in den Flur. Er rennt so, wie er gerade gekleidet ist, aus dem Haus und kommt erst nach Stunden zurück.

Die Mutter reagiert auf Henriks Wutausbruch mit Methoden, wie sie immer noch von einer Reihe moderner Erziehungsratgeber, aber auch manchmal noch von pädagogischen Fachkräften vertreten werden:

- Die Situation wird sofort durch Reflexion geklärt.
- Erklärungen führen zur Änderung des Verhaltens des Kindes.
- Jede Problematik kann so behoben werden.

Dahinter steht die Annahme, dass ein Kind mit FASD sein Verhalten jederzeit steuern kann und sich bewusst herausfordernd verhält. Dass das Verhalten des Kindes etwas mit seiner Lebenssituation und den Beziehungen untereinander zu tun haben könnte, wird ausgeblendet. Ob diese Denkweise Kinder überhaupt sieht und respektiert, sei hier dahingestellt. Unser Thema ist FASD in der Familie und deshalb gilt: Kein FASD-Symptom kann durch ein reflektierendes Gespräch, durch Konsequenzen oder Erklärungen beseitigt werden.

In einer aufgewühlten Situation sind solche Methoden grundsätzlich nicht ratsam: **Eine Eskalation wird so (gewollt oder ungewollt) befeuert und es können unkalkulierbare Gefahren für alle Anwesenden entstehen.**

Henriks Mutter hat in diesem Beispiel wesentlich zur Eskalation beigetragen. Wie hat sie das geschafft?

Stufen der Eskalation	Beispiel Henrik und Mutter
Fehlende Akzeptanz von FASD seitens der Eltern	Es ist normal, dass Henrik sich manchmal scheinbar grundlos provoziert fühlt. Henrik hat eine andere Wahrnehmung sozialer Situationen und kann Gesichtsausdrücke schlecht lesen. Das macht das Zusammenleben anstrengend, ist aber nicht zu ändern.
Möglichkeit zum Rückzug verweigern	Henrik war schon aus der Situation weggegangen, seine Mutter eröffnete die nächste Runde. Jemandem nachzugehen, der wütend den Raum verlässt, ist eine Einladung zum Streit. Bei FASD ist ab hier eine Eskalation zu erwarten.
Verletzung der Privatsphäre durch Eltern	Das Zimmer eines Kindes, erst recht eines Teenagers, ist sein privater Rückzugsbereich. Eintritt nur nach Aufforderung! Das gilt auch für Eltern. Das Öffnen der Tür ist bereits eine Provokation.
Versperren des Ausgangs/ Fluchtweges durch Eltern	Durch das Stehen im Türrahmen treibt die Mutter Henrik in die Enge. Er kann sich nicht weiter zurückziehen und kann nicht weg aus der Situation. Das ist eine passiv-aggressive Bedrohung, die so auch bei Henrik angekommen ist.

Wie hätte es anders laufen können?

Die Mutter kennt Henrik und sein FASD-spezifisches Verhalten.

- Sie wird von Henriks Reaktion auf den Blick der Schwestern nicht überrascht, weil sie das von ihrem Sohn kennt. Vielleicht ist es in der Küche zu laut, es läuft Musik und die Kinder reden durcheinander. Henrik bräuchte eigentlich eine Pause, mischt aber mit, obwohl es ihm zu viel ist.

- Die Mutter weiß aus Erfahrung, wie diese Alltagssituationen normalerweise verlaufen und dass Henrik auf das fröhlich-laute Chaos der Geschwister schnell gestresst reagiert.
- Die Mutter weiß aus Erfahrung auch, wann ihr Eingreifen notwendig ist und wann nicht.
- Sie weiß, dass Reflexionsgespräche generell Stress für Henrik sind. Diese Gespräche demütigen ihn, weil sie ihm vor Augen führen, was er nicht kann, ohne ihm Chancen zu geben, dies zu ändern. (Weil er es ja nicht ändern kann. Er kann sein FASD nicht heilen.)

Das einzige Ziel der Mutter ist es jetzt, ruhig durch diese Situation zu kommen. Sie möchte auf jeden Fall eine Eskalation abwenden und hat den Schutz der anwesenden Geschwister im Blick.

Schritte zur Deeskalation	**Beispiel Henrik und Mutter**
Akzeptanz von FASD durch Eltern	Henrik fühlt sich schnell angegriffen. Das darf er. Wir akzeptieren das. Das ist FASD. Henrik hat Impulsdurchbrüche. Das gehört zu seiner FASD-Symptomatik dazu. Damit gehen wir um.
Safety first – nüchterne Einschätzung von Gefahren durch Eltern	Henrik wirft „nur" sein Brett und den Käse. Danach hört er auf. Niemand ist in Gefahr.
Erlaubnis zum Rückzug geben	Henrik hat sich in sein Zimmer zurückgezogen. Damit ist die Situation im Wohn- und Essbereich beendet. Die Geschwister essen weiter. Jeder Mensch darf sich aus einer Situation, die ihm unangenehm ist, entfernen, sich so schützen oder so mit Stress und Überforderung umgehen.
Eltern steigen nicht in den Streit ein	Die Mutter lässt sich von möglichen Geräuschen aus Henriks Zimmer nicht provozieren und nimmt keine dieser Einladungen zum Streit an. Sie steigt nicht ein.

Mögliche Interventionen und Unterstützung für die Geschwisterkinder:

- Die Mutter verhält sich deeskalierend (siehe Tabelle Seite 102).
- Die persönliche Haltung und innere Stabilität der Eltern ist ihr wichtigstes Werkzeug.
- Eltern sind für alle ihre Kinder der Fels in der Brandung. „Like a bridge over troubled water“[79], führen sie alle ihre Kinder sicher von einem Ufer zum anderen.
- Eltern übernehmen die Verantwortung. Damit senden sie zugleich eine Botschaft an die Geschwisterkinder: Ihr könnt euch auf uns verlassen.
- Safety first: Wenn mehr zu erwarten ist als verbale Attacken, schicken sie als Erstes die Geschwisterkinder raus.
- Sie verhalten sich deeskalierend, um die Situation möglichst ohne weitere Eskalation abzuwenden.
- Durch FASD-spezifische Unterstützung, wie FASD-Pädagogik, Tagesstruktur, Piktogramme, präventives Handeln und evtl. durch Medikamente sorgen sie für einen Rahmen, in dem es möglichst selten zu heftigen Ausbrüchen kommt.
- In diesem Beispiel bietet sich an, das Brett und den Käse auf dem Boden liegen zu lassen. Wenn Henrik zurückkommt und wieder ruhig und entspannt ist, räumt er beides selbst weg.

Systemische Impulse für Eltern

- Wie gehen Sie mit Ihrem Kind um, wenn es flippt?
- Was kommt bei Ihrem Kind an?
- Fühlt sich Ihr Kind sicher – auch in solchen Situationen?
- Mit welchem Verhalten tragen Sie zur Eskalation bei?
- Wie demonstrieren Sie in der Eskalation Ihre Macht?
- Was bedeutet das für Ihr Kind?
- Welche Botschaften kommen bei den Geschwisterkindern an?

79 aus: Bridge Over Troubled Water, Simon & Garfunkel, Text: Paul Simon, 1970

Deeskalation bei FASD

Ruhig bleiben	**Nicht anstarren**	**Nicht anfassen**
Deine Stimmung überträgt sich sofort 1:1! Gelassen bleiben und Ruhe bewahren	Anstarren = Provokation! Blickkontakt herstellen und wieder wegsehen im Wechsel	Berührung = Angriff Dein Kind kann evtl. eine leichte Berührung nicht von einem Schlag unterscheiden!
Hinsetzen	**Wenig reden**	**Nicht nachgehen**
Hinsetzen = Deine Körpersprache signalisiert Entspannung und Normalität.	Reden = Reizüberflutung Sprich nur in Drei-Wort-Sätzen. Weniger ist mehr.	Nachgehen = Eskalation Lass Deinem Kind die Möglichkeit zum Rückzug.
Ignorieren	**Gehirn aktivieren**	**Abschalten**
Sprich über anderes mit einer anderen Person = Entspannung Z. B.: – Was gibt's zu essen? – Sollen wir Kakao kochen?	Gib Deinem Kind Aufgaben, z. B.: – Holst du mal die Schokolade? – Was ist 12 x 6? – Such drei blaue Sachen im Raum. – Singe selbst ein Lied!	Musik, Lärm, Licht = Reizüberflutung Sorge unaufgeregt und unauffällig für Ruhe!
Nicht „pädagogisieren“	**Nicht einsteigen**	**Ablösung rufen**
Nichts besprechen, nichts reflektieren, nichts wollen!	Lass Dich nicht reinziehen. Knallende Türen = Einladung zum Streit	Wenn Deine Nerven blank liegen, tausche mit Deiner Partnerin/Deinem Partner.

Hier können Sie die Tabelle downloaden:

www.skvshop.de → Artikeldetailseite

7.6 Geheimnisverrat

„Fünf Schwestern auf em Hof. Zank und Zoff in nem Dreibett-Zimmer. Wer das liest ist doof. Alles verstecken doch einer fand's immer."[80]

So beschreibt ein Lied der Sängerin Ina Müller das Aufwachsen mit ihren vier Schwestern in den 1960er- und -70er-Jahren. In den Sachen der Geschwister herumzuschnüffeln, um ihre privaten Geheimnisse herauszufinden, gehört zum normalen Repertoire von Geschwistern ohne FASD. Die Fundstücke werden heimlich benutzt oder sogar ganz entwendet. Die in Erfahrung gebrachten Geheimnisse werden an die Eltern verpetzt, um die Geschwister zu ärgern und selbst Pluspunkte bei den Eltern zu sammeln.[81]

Im Laufe der Kindheit verändern sich das Vorgehen und die Möglichkeiten der Geschwister. Die Schwestern und Brüder werden älter, geschickter und handeln z. B. miteinander Verträge aus: „Verrätst du nichts, sag' ich auch nichts." Oder das Geheimnis wird gegen eine Zahlung (Süßigkeiten o. Ä.) nicht den Eltern verraten. Und irgendwann sind die meisten Geschwister dann aus diesem Thema herausgewachsen.

Was ist anders mit Geschwistern mit FASD?

Pina ist 16 Jahre alt (ohne FASD). Ihre Schwester Paule ist 7 Jahre alt (mit FASD). Paule bewundert die große Schwester sehr, sie ist ihr Ein und Alles. Pina behandelt Paule mit ihren Eigenheiten und Besonderheiten mit einer buddhistischen Gelassenheit, die manchmal sogar schon in Altersmilde überzugehen scheint. Die Harmonie zwischen den beiden wird nur von einer Sache getrübt: dem Schnüffeln von Paule. Bei wirklich jeder Gelegenheit hat Paule fast täglich ihre Hände und Augen in den Sachen von Pina.

Wenn Pina aus der Schule nach Hause kommt, lauert Paule schon, ob sie ihre Tasche einen Moment unbeaufsichtigt im Flur stehen lässt. Verlässt Pina ihr Zimmer, um die Küche oder das Wohnzimmer aufzusuchen, schleicht sich Paule sofort in Pinas Zimmer. Dort untersucht sie gezielt die Schubladen und Schränke. Auf diese Weise findet Paule alle

80 aus: Ina Müller, „Fünf Schwestern", Text: Frank Ramond, Ina Müller, Johannes Oerding, 2013

81 Frick, 2015, S. 266

Geheimnisse des Teeanagers. Alles, was sie findet, erzählt sie sofort den Eltern. „Pina hat Zigaretten!" Oder „Pina ist verliebt!"
Pina schimpft mit Paule und sie sagt ihr deutlich, dass sie an ihren Sachen nichts zu suchen hat. Sie sagt und zeigt ihr, dass sie sich ärgert.
Pina bittet Paule mit dem Schnüffeln aufzuhören. Sie bietet ihr Belohnungen an, wenn sie das Schnüffeln und Petzen lässt.
Es hilft alles nichts. Paule macht weiter – bei jeder Gelegenheit.

Die Begriffe „Privatsphäre" und „Privateigentum" kann Paule im Beispiel nicht richtig nachvollziehen.

FASD-typisch ist z. B. das Fehlen von Grenzen bzw. das Überschreiten der Grenzen der Geschwisterkinder. Eine gewisse Übergriffigkeit ist bei Kindern mit FASD – ganz besonders zu Hause – normal. Paule im Beispiel ist gegenüber ihrer Schwester übergriffig und merkt das nicht.

Mit dem abstrakten Konstrukt des Privateigentums können Kinder mit FASD nicht viel anfangen. Was herumliegt, ist freigegeben zur allgemeinen Benutzung.

Paule verpetzt die Neuigkeiten nicht an die Eltern, sie platzt vielmehr mit allem sofort heraus. Sie kann sich nicht bremsen. Auch das ist Teil der Impulskontrollstörung. Petzen oder das Verraten der Geschwister an die Eltern ist ebenfalls bei FASD das normale, zu erwartende Verhalten. Das Menschen mit FASD distanzlos jedem alles erzählen, ist eines der Hauptsymptome von FASD und begleitet sie und ihre Lieben meist ein Leben lang.

Sollte Paule auf Absprachen mit ihrer Schwester eingehen, wie z. B. Schweigen gegen Schokolade, dann ist davon auszugehen, dass sie sich nicht daran halten wird. Weil sie sich z. B. am nächsten Tag gar nicht mehr erinnert, oder den Impuls zum Schnüffeln gar nicht unterdrücken kann. Ist die Impulskontrollstörung nämlich hirnorganischen Ursprungs – wovon wir bei FASD ausgehen –, dann ist das Problem ja gerade nicht mit Absprachen zu beseitigen. Auch das ist eine Seite der FASD-bedingt fehlenden Impulskontrolle.

Mögliche Interventionen und Unterstützung für die Geschwisterkinder:

- Die Eltern schützen die Privatsphäre des Teenagers.
- Was auch immer Paule berichtet, es interessiert sie nicht. Es wird nicht mit Pina besprochen.
- Paule erhält stets die gleichen Antworten:
  - Wir schnüffeln nicht.
  - Wir petzen nicht.
  - Das geht dich nichts an.
  - Finger weg von Pinas Sachen.
- Für den Teenager werden konkrete Lösungen gesucht, z. B.:
  - Pina schließt ihr Zimmer ab, sobald sie es verlässt.
  - Pina lässt keine Tasche im Flur stehen, sondern räumt sie sofort weg.

Im Grundsatz ist der Geheimnisverrat und das unbefugte Eindringen in die Privatsphäre der Geschwister mit Geschwistern mit und ohne FASD ein Thema. Mit FASD verändern sich nur ein paar Details. Aber: The details are not the details. They make the difference.[82]

82 In Anlehnung an das Charles Ormand Eames (Designer, 1907–1978) zugeschriebene Zitat: „The details are not the details. They make the design."

8 Fazit: Perspektivwechsel für Geschwisterkinder

Eltern sind heute insgesamt eher sensibilisiert für die Frage, ob und wie sich ihre Kinder psychisch gut entwickeln.[83]

Aber ob Geschwisterkinder mit oder ohne FASD aufwachsen, ist insgesamt für ihre Entwicklung nicht so entscheidend, wie Eltern dies zuweilen befürchten. Geschwisterkinder von Kindern mit Behinderung als Risikogruppe anzusehen, greift – wie wir gesehen haben – zu kurz. Geschwisterkinder sind nicht per se vergessene Kinder im Schatten ihrer Geschwister mit FASD. Sie sind nicht per se damit überfordert, dass ein Kind mit Behinderung ihre Schwester oder ihr Bruder ist.

Geschwisterkinder sind immer ein Teil ihrer Familie. Und wie sie in der Familie aufwachsen, wird nicht allein durch FASD bestimmt. Das gemeinsame Aufwachsen in der Familie wird von vielen verschiedenen Faktoren beeinflusst. Solche Faktoren sind, wie wir schon gesehen haben, die Art der Behinderung der Geschwister, aber eben auch der sozio-ökonomische Status der Familie, das Wohnumfeld, die Größe der Wohnung, das Hilfeteam (das seinerseits ja unterstützen und belasten kann), der Bildungsstand der Eltern, das soziale Umfeld der Familie und vieles mehr. Alle diese Faktoren haben Einfluss auf die Entwicklung der Geschwisterkinder in der Familie. In der Familie hängt, wie in jedem anderen System, alles mit allem zusammen. Die Geschwisterkinder sind deshalb keine isolierte Risikogruppe, sondern ein Teil des Systems Familie.

Ein Perspektivwechsel hin zu einer familienorientierten Perspektive sieht die Geschwisterkinder von Kindern mit Behinderung im Kontext der Familie und des Umfeldes.[84]

- Was ihnen fehlt, hängt mit dem ganzen System zusammen.
- Wenn sie Schattenkinder sind, hängt das mit dem ganzen System zusammen.
- Wenn Eltern sich Sorgen um die Geschwisterkinder in der Familie machen, hängt das mit dem gesamten System zusammen.

83 Rufo, 2004, S. 26
84 Hackenberg, 2008, S. 45

- Und wenn die Geschwisterkinder sich gut entwickeln, hängt das auch mit dem ganzen System Familie zusammen.

Geschwister beeinflussen sich gegenseitig in ihrer Entwicklung. Das gilt allgemein für alle Geschwister, ganz gleich, wer sie sind, was sie ausmacht, wo und wie sie aufwachsen.

Das Aufwachsen mit Geschwistern mit FASD ist genauso eine Chance, Ressourcen – wie Sozialverhalten, kommunikative Fähigkeiten oder Durchsetzungsvermögen – zu entwickeln, wie jede andere Geschwisterbeziehung auch. Und Geschwister von Kindern mit FASD machen spezielle Erfahrungen, die so nicht jedes Kind macht.

Aber aus welchem der vielen Einflüsse ein Lebensthema für die erwachsenen Geschwister wird, hat keinen direkten oder linearen Zusammenhang. Jeder Einfluss in der Kindheit ist dafür geeignet, um im Leben etwas daraus zu machen. Jeder Einfluss kann ein Motor sein, eine Inspiration und eine Kraftquelle, aus der etwas entstehen kann.
Das heißt, aus der Motivation „Ich will so werden wie meine große Schwester" kann genauso etwas Positives und Neues entstehen wie aus der Motivation „Ich will nicht so werden wie meine große Schwester". Und umgekehrt kann die Erfahrung „Meine Schwester ist so brillant – das kann ich nie erreichen", einen Motivationsmangel bedeuten, der Auswirkungen auf das ganze Leben hat.

Geschwisterkinder von Kindern mit FASD sind eine heterogene Gruppe, mit Stärken und Schwächen. Auch Geschwister von Kindern mit FASD profitieren von ihren Geschwistern und lernen aus den Geschwisterbeziehungen für ihr Leben.

Teil III: Geschwisterkinder unterstützen

Geschwisterkinder von Kindern mit FASD wollen Eltern, die sich positionieren.

Als Eltern das Familienmanagement in die Hand zu nehmen bedeutet:

- Entscheidungen treffen, die getroffen werden müssen
- mit den Krisen umgehen, die der Familie innerhalb und außerhalb begegnen
- den Kindern immer wieder Lösungswege aufzeigen
- allen Kindern Entwicklungsmöglichkeiten bieten
- positive Entwicklungswege aufzeigen

In diesem dritten Teil des Buches gehen wir der Frage nach, wie Eltern die Geschwisterkinder konkret unterstützen und ihnen gute Rahmenbedingungen bieten können.

Geschwisterkinder von Kindern mit FASD können von ihren Eltern mit einfachen alltagspraktischen Maßnahmen unterstützt werden und so gute Bedingungen für das Zusammenleben und gemeinsame Aufwachsen mit ihren Schwestern und Brüdern mit FASD haben.

Diese Maßnahmen sind nicht unbedingt FASD-spezifisch oder allein bei FASD in der Familie sinnvoll. Sie können auch in Familien ohne FASD eine gute Grundlage für die Geschwisterkinder sein und ihre Entwicklung unterstützen. Wachsen Kinder gemeinsam mit Kindern mit FASD auf, ist diese Form der Unterstützung aber in einem besonderen Maß notwendig und sinnvoll.

9 Über FASD sprechen

„Hier im Haus passiert nichts, was uns Eltern Angst macht. Wir wissen, was FASD ist. Wir können das Verhalten deiner Schwester oder deines Bruders einschätzen."

So könnte die Haltung von Eltern gegenüber den Geschwisterkindern sein. FASD ist in der Familie dann kein Tabu, nichts Nebulöses, und nichts, was Angst machen muss. Durch einen offenen, angstfreien Umgang mit dem Thema FASD kommunizieren die Eltern Normalität und Sicherheit.

Aus der Praxis:

Ronja lebt als Pflegekind in der Familie. Sie ist 7 Jahre alt und die Diagnose FASD wurde gerade erst gestellt. Ronja hat den Förderschwerpunkt „geistige Entwicklung" und besucht eine integrative Schule.
Der Pflegekinderdienst möchte, dass die Familie nicht über FASD spricht. Ronja soll nicht erfahren, dass sie FASD hat. Die Schule soll nichts von FASD erfahren. Am besten bewältige man die Probleme, wenn keiner darüber rede, sonst würden sie größer und verfestigten sich. Der Pflegekinderdienst befürchtet eine Stigmatisierung durch die Behinderung FASD.

Die Befürchtung der Sozialarbeiterinnen und Sozialarbeiter, FASD könnte zu einer Stigmatisierung des Kindes führen, ist nicht von der Hand zu weisen. Unsere Gesellschaft ist noch weit davon entfernt, offen für alle zu sein.

Aber hilft es dem Kind, den Geschwisterkindern und den Eltern über FASD zu schweigen? Was wird in ihrem Alltag leichter, wenn sie die Ursache der Probleme nicht kennen oder nicht darüber sprechen? Auch, wenn nicht über FASD gesprochen wird, wird das Kind mit FASD vermutlich auffallen, anders sein und unter Umständen auch ausgegrenzt werden.

FASD is in the house!
FASD ist wie ein weiteres Familienmitglied. FASD ist immer da – ob in der Familie über FASD gesprochen wird oder nicht – und lebt mit der Familie unter einem Dach.

© sveta – Adobe Stock

Mit FASD in der Familie zu leben, bedeutet in der Regel, dass es Probleme und Auffälligkeiten gibt, die nicht zu übersehen sind.

Wenn die Familie dann, sei es auf Wunsch eines Pflegekinderdienstes oder aus eigenem Antrieb, nicht über FASD spricht, ist das so, als stünde ein Elefant im Wohnzimmer und alle Familienmitglieder würden so tun, als würden sie ihn nicht bemerken:

„Wenn wir nichts sagen, ist er nicht da." FASD ist aber da, und es ist nicht zu übersehen.

Über FASD zu reden oder über FASD zu schweigen, bewirkt deshalb so oder so immer etwas in der Familie.

Miteinander zu reden, zieht immer etwas nach sich. Es bewirkt immer etwas und es verändert immer etwas. Das können positive Veränderungen sein. Das kann z. B. Verständnis für das Kind und sein Verhalten sein oder das kann Unterstützung durch die Großmutter sein.

Aber über FASD zu sprechen kann natürlich auch negative Gefühle wie Trauer und Wut bewusst werden lassen oder zu Ärger mit dem Amt oder der Stigmatisierung der ganzen Familie führen.

Systemische Impulse für Eltern

Geschwisterkinder von Kindern mit FASD leben mit einem „Elefanten im Wohnzimmer".

- Wie können sie leichter mit ihm umgehen und mit ihm leben?
- Wird es ihnen eher helfen zu schweigen oder zu reden?
- Was passiert, wenn das Kind zu Hause flippt? Wie erklären die Geschwister sich das, wenn FASD kein Thema ist?

Offen über FASD zu sprechen, heißt auch, dass die Eltern offen damit umgehen, dass sie nicht für alles sofort eine Lösung haben.

Eltern dürfen Lösungen suchen. Sie müssen nicht so tun, als könnten und wüssten sie immer alles, weil sie Eltern sind. Die Geschwisterkinder dürfen mitbekommen, dass Eltern Menschen sind, die ihr Leben leben, Fragen haben, Krisen bewältigen müssen und nach Lösungen suchen. Kinder brauchen keine perfekten Familien ohne Krisen. Sie brauchen Familien, in denen mit Krisen umgegangen wird.

Der richtige Zeitpunkt über FASD zu sprechen ist immer dann, wenn die Kinder Fragen haben oder eine Situation im Alltag entstanden ist, die eine Erklärung braucht.

Jeder Mensch, der eine Frage stellt, hat auch eine ehrliche Antwort verdient. Das gilt für Erwachsene ebenso wie für Kinder. Es ist eine Frage der Wertschätzung und des Respekts für den anderen, gerade auch innerhalb der Familie. Andererseits sollte ungefragt niemandem ein Gespräch über FASD aufgedrängt werden. Wenn ein Kind nicht nachfragt, sollten Eltern diese Grenze respektieren.

Offen über FASD zu sprechen heißt, den Geschwisterkindern ihre Fragen altersgemäß zu beantworten und ihnen zu erklären, was FASD ist.

Erklärungsbeispiele für ältere Kinder/Teenager:

- Alkohol in der Schwangerschaft schädigt Gehirn und Nervenzellen des ungeborenen Kindes.
- Die Veränderungen sind irreparabel.
- Das Eiweiß in den Zellen reagiert auf den Alkohol.
- *Für Schülerinnen und Schüler mit dem Fach Biologie in der Oberstufe:* Z. B. sind die Mitochondrien verkürzt, eine Reihe von Botenstoffen werden nicht ausgeschüttet und es kommt zu Veränderungen der Hirnfunktionen.
- Dadurch kommt es im späteren Leben zu vielen Problemen und Funktionsstörungen.

Filmtipp:
„37 Grad – Alkohol im Mutterleib"
ZDF-Mediathek:
https://www.zdf.de/dokumentation/37-grad/37-alkohol-im-mutterleib-100.html
DVD: programmservice@zdf-service.de

Jüngeren Kindern können Eltern FASD z. B. so erklären:

- Ein Baby im Bauch darf keinen Alkohol trinken.
- Das Baby im Bauch verträgt keinen Wein und kein Bier.
- Das Baby im Bauch kann nicht richtig wachsen, wenn die Mutter Alkohol trinkt.
- Das Baby bekommt auch Alkohol zu trinken, wenn die Mutter Alkohol trinkt.
- Dann kann das Gehirn des Babys später nicht alles, was dein Gehirn kann, und das Kind wirft oft mit Sachen, kann schlecht rechnen oder hat andere Probleme.
- Das geht nie wieder weg.
- Die Leute finden Alkohol toll und denken nicht nach, was alles passieren kann.
- Die Mama hat das nicht gewusst, dass ein Glas Wein so schlimm für das Baby im Bauch ist.

- Viele Leute wissen das nicht und viele glauben das nicht.
- Das passiert in vielen Familien.

Filmtipp:

„Max und das Fetale Alkoholsyndrom"

Video von Herbert Arp

YouTube: https://youtu.be/zzjxrROycmE

FASD ist eine Chance, miteinander zu sprechen. Auch und gerade über das, was nicht leichtfällt.

Wenn Eltern es schaffen, offen mit dem schwierigen Thema FASD umzugehen, liegt darin die Chance, dass die Geschwisterkinder lernen, dass sie mit ihren Eltern über alles andere auch sprechen können.

10 Gefühle haben dürfen

Das Zusammenleben von Geschwistern ist nicht nur harmonisch (siehe Kapitel 7.3 Streiten, S. 75).

Geschwister haben ambivalente Gefühle gegenüber ihren Schwestern und Brüdern. Sie sind genervt, sauer, wütend, enttäuscht oder eifersüchtig aufeinander. Solche Gefühle sind normal und dürfen sein. So wie sie tatsächlich sind, dürfen die Geschwister ihre Gefühle zu Hause offen zeigen oder äußern. Das gilt auch und sogar ganz ausdrücklich für Geschwisterkinder von Kindern mit FASD.

Alle Emotionen der Geschwister sind erlaubt, so wie sie sind. Es gibt keine verbotenen Gefühle. Auch über die Schwester mit FASD darf man sich ärgern, weil sie ein Spiel zerstört hat. Die Eltern wissen, dass die Schwester das nicht mit Absicht gemacht hat, aber die Geschwister müssen dennoch kein Verständnis dafür haben: Sie dürfen sauer sein.

Ebenso selbstverständlich dürfen auch Eltern sich ärgern, wenn ein teurer Teller, ein Sessel oder die frisch renovierte Wand beschädigt oder zerstört wird. Um FASD zu wissen, heißt nicht, keine Gefühle zu haben. Was ärgerlich ist, ist ärgerlich. „Man darf als Eltern durchaus weinen, schreien, toben. Man darf das Kind nur nicht verletzen oder kränken. Neoromantiker glauben, ihre Gefühle schaden dem Kind. Aber die Abwesenheit von Gefühlen schadet dem Kind."[85]

Geschwisterkinder von Kindern mit Behinderung brauchen von ihren Eltern ausdrücklich die Erlaubnis, ihre Wut, ihre Enttäuschung oder ihre Scham zeigen und äußern zu dürfen.

Ist es in der Familie verpönt, Wut und Ärger zu zeigen, oder ist es nicht erlaubt, auch mal zu sagen „Der nervt!", müssen Geschwisterkinder umso eher andere Wege finden, um mit ihren negativen Gefühlen zurechtzukommen. Dann geht ein Kind möglicherweise den erlaubten Weg über Kopfschmerzen, weil diese in der Familie nicht mit einem Tabu belegt sind, um seine Gefühle zu kompensieren.

85 Juul, 2020, S. 185

Die Erlaubnis zum offenen Ausdruck ihrer Emotionen ist wesentlich dafür, dass die Geschwisterkinder von Kindern mit Behinderung Normalität in der Familie erleben und sich sicher bei ihren Eltern aufgehoben fühlen.

Kein Kind, ob mit oder ohne Behinderung, bekommt vonseiten der Eltern eine Sonderstellung in der Familie eingeräumt. Es käme z. B. einer Sonderstellung als Prinz/Prinzessin oder Engel gleich, wenn es ein Kind in der Familie gäbe, auf das man nicht wütend sein dürfte. Gefühle wie Wut oder Ärger werden die Geschwisterkinder immer haben. Das ist unvermeidlich und gehört zum Leben dazu. Ist es in der Familie mit einem Tabu belegt, diese Gefühle gegenüber einer Schwester oder einem Bruder zu zeigen oder zu äußern, würde dieses Kind quasi auf „einen Thron" gesetzt. Ihm würde damit eine Sonderstellung innerhalb der Geschwistergruppe eingeräumt, vergleichbar mit der Sonderstellung einer Königin/eines Königs.

Wenn Emotionen aber so geäußert werden dürfen, wie sie sind, vermitteln Eltern den Geschwisterkindern die Botschaft, dass kein Kind in der Familie solch eine Sonderstellung einnimmt.

„Eine gute und normale Kindheit umfasst Tausende von bitteren Ratschlägen, Hunderte von Verlusten mit anschließender Trauer und Verzweiflung, Tausende von Konflikten, die uns wütend zurücklassen, und hoffentlich auch eine Menge Dinge, die uns fröhlich, euphorisch, glücklich machen und uns sicher fühlen lassen. Eltern haben nicht die Aufgabe, das Gefühlsleben ihrer Kinder zu steuern. Es ist ihre Pflicht und ein Privileg, sich für sie zu interessieren und von ihnen zu lernen."[86]

Das sinnvolle und wünschenswerte Verständnis der Eltern für FASD würde für die Geschwisterkinder ins Gegenteil umschlagen, wenn daraus die Forderung würde, dass auch die Geschwisterkinder stets geduldig und verständnisvoll sein müssen, weil es doch schließlich um FASD geht. Dass Eltern wissen, dass das Verhalten der Schwester oder des Bruders zumeist neurologisch bedingt ist, heißt nicht, dass die Geschwisterkinder das gleiche Verständnis wie die Erwachsenen haben müssen. Geschwister dürfen sein, was sie sind: Kinder.

86 Juul, 2011, S. 210f.

FASD kann so eine Chance sein, sich auch mit den eigenen negativen Gefühlen auseinanderzusetzen und die negativen Gefühle der Geschwisterkinder in der Familie auszuhalten.

Kinder mit FASD schaffen es manchmal vortrefflich, um sich herum Chaos zu stiften. Sie können heftig werden, teilen Beleidigungen aus, ohne nachzudenken, und werden schnell wütend.
Wenn Geschwisterkinder dann beleidigt oder empört verbal kontern, hilft es, wenn die Eltern die Ruhe bewahren. Die Geschwisterkinder dürfen empört und sauer sein. Die Eltern bewerten die Gefühle nicht.
FASD-Management hieße an dieser Stelle z.B. die Situation zu stoppen, sich deeskalierend zu verhalten und keinem der Kinder Vorwürfe zu machen. Es kommt hier nicht so sehr darauf an, was Eltern den Kindern „predigen", sondern was sie vorleben. Denn alle Kinder nehmen wahr, wie ihre Eltern selbst mit Gefühlen umgehen und folgen unter Umständen diesem Vorbild.
Zum Wohlergehen der Geschwisterkinder kann beitragen, wenn es Rituale gibt, wie mit Wut und Ärger umgegangen wird. Solche Rituale können z.B. sein, auf einen Boxsack zu schlagen, Wutbriefe zu schreiben und zu zerknüllen oder (unter Aufsicht!) alte Teller kaputtzuwerfen.

Um das Kind mit FASD nicht zu brüskieren und um nicht verletzend zu sein, ist es oft hilfreich, bei sich zu bleiben und das mit sogenannten „Ich-Botschaften" auch auszudrücken:

- Um was geht es mir?
- Was wünsche ich mir?
- Was brauche ich?
- „Ich bin sauer" statt „Du bist ein böses Kind"
- Statt „Du bist ein schreckliches Kind" klingt „Ich brauche eine Pause" oder „Ich muss 5 Minuten durchatmen" ganz anders.

Ein Kind ist da angenommen und erlebt Wertschätzung, wo es sich nicht verstecken oder verstellen muss.

FASD kann so eine Chance sein, jedes Kind darin zu bestärken, dass es in der Familie sagen darf, wie es ihm geht, was es braucht und was es sich wünscht.

11 Inseln der Freiheit

Als praktische Unterstützung für Geschwisterkinder können Eltern den Geschwisterkindern bewusst „Inseln der Freiheit" schaffen.

Den Geschwisterkindern bieten diese „Inseln der Freiheit" eine eigene Lebens- und Erfahrungswelt.[87] Hier geht es um sie selbst, um ihre Erfahrungen, ihre Gedanken und ihre Freude. Hier können die Geschwisterkinder Erfahrungen sammeln. Sie sind nur für sich unterwegs. Es geht um nichts anderes als nur ihre Interessen.

Eine „Insel der Freiheit" kann für Geschwisterkinder jeder Ort sein, an dem sie Zeit ohne ihre Brüder und Schwestern mit FASD verbringen können. Diese Zeit gehört nur ihnen selbst. Quality time im besten Sinne des Wortes.

Eine Insel der Freiheit kann nahezu alles sein, was im Umfeld verfügbar ist, vom Baumhaus im eigenen Garten bis zum Fußballcamp in den Ferien. Gruppen und Vereine bieten regelmäßige Auszeiten im Alltag: Sportvereine, Musikschulen, Pfadfinderverbände, Jugendfeuerwehr oder Ähnliches sind gute Möglichkeiten für Geschwisterkinder, sich unter Gleichgesinnten zu bewegen und einen Raum für sich zu haben.

Es kann gerade sinnvoll sein, die Kinder jeweils in anderen Vereinen anzumelden. Die Aktivität außer Haus soll bewusst eine Zeit sein, in der das Geschwisterkind durchatmen kann. Geht der Bruder oder die Schwester mit in den gleichen Verein, wird das Geschwisterkind möglicherweise auch dort mit FASD-spezifischen Themen und dem speziellen Verhalten des Bruders oder der Schwester konfrontiert. Das Ergebnis ist dann evtl. Scham, Stress oder die Übernahme von Verantwortung.

Neben regelmäßigen Aktivitäten außer Haus benötigen Geschwisterkinder ein eigenes Zimmer, das als Rückzugsort fungiert.

87 Diese Inseln der Freiheit sind im Hochkonsumland Deutschland keine Inseln ohne FASD. Da viele Schwangere Alkohol konsumieren und eins von 50 Kindern mit FASD geboren wird, ist davon auszugehen, dass es überall Kinder und Jugendliche mit FASD gibt. Geschwisterkinder von Kindern mit FASD haben oft ein gutes Gespür für FASD und FASD-ähnliche Verhaltensweisen und entscheiden selbst, ob sie Abstand halten oder Freundschaft schließen wollen.

Für alle Kinder ist es von Vorteil, ein eigenes Zimmer zu haben. Aber für von FASD betroffene Geschwister ist das eigene Zimmer fast so etwas wie ein „Must-have". Im Zusammenleben mit Kindern oder Jugendlichen mit FASD brauchen die Geschwisterkinder die Möglichkeit, sich jederzeit zurückziehen und abgrenzen zu können. Sei es vom Chaos, vom Reden ohne Unterbrechung, von den Wutanfällen oder von zu viel distanzloser Nähe, die das Zusammenleben mit FASD ausmachen kann. Manchmal ist es mit einem Kind mit FASD mit 6 oder 8 Jahren noch so turbulent wie mit einem Kleinkind. Und anders als die Eltern können und sollen Geschwister nicht darauf warten müssen, dass sie sich irgendwann erholen können oder irgendwann Zeit für sich haben. Ein eigenes Zimmer fungiert als „Insel der Freiheit" und vor allem steht es immer zur Verfügung. Die Auszeit beginnt sofort.

Die Zeit von Eltern ist in vielen Familien ein knappes Gut. Eltern haben mit Beruf und Haushalt viel zu tun und sind auch ohne FASD stark eingespannt. Wenn dann noch FASD mit weiteren Terminen und viel Einsatz hinzukommt, tun Eltern den Geschwisterkindern etwas Gutes, wenn sie ihnen gezielt und bewusst Zeit schenken. Auch die „Mama-" oder „Papazeit" ist eine Insel der Freiheit und kann entsprechend gestaltet und genutzt werden. „Mamazeit" oder „Papazeit" kann z. B. sein:

- samstags mit dem Geschwisterkind im Lieblingscafé frühstücken
- eine Shoppingtour in der Lieblingsstadt unternehmen
- ins Kino gehen
- ins Schwimmbad gehen
- eine Radtour machen
- zur Fußball-Bundesliga oder zum Länderspiel gehen
- zusammen in ein Konzert gehen
- …

„Inseln der Freiheit" unterstützen die individuelle Entwicklung der Geschwisterkinder. Eltern bieten den Geschwisterkindern so die Möglichkeit, im Fokus zu stehen, ganz gleich, wie groß der Stress ist oder wie knapp die Zeit manchmal ist.

Die Botschaft, die den Geschwisterkindern so vermittelt wird, kommt an: Du bist uns wichtig.

12 Störungen als Wegweiser

Was auch immer gerade schiefläuft, was nicht gut funktioniert, was den Eltern Sorgen macht oder über was die Geschwisterkinder sich beschweren, kann ganz verschiedene Ursachen haben. Es kann einen guten Grund haben und sogar Sinn machen.

Anders ausgedrückt: Das Kind mit FASD ist in der Familie nicht immer die alleinige Ursache für alles.

Kopfschmerzen, Störungen des Familienlebens, Streit, Stress oder anderes können – wie in jedem anderen System auch – aus den verschiedensten Gründen auftreten. Darum stellt sich bei Störungen aller Art immer die Frage nach dem gesamten System. Zum „System Familie" gehören die Familienmitglieder, die erweiterte Familie (Verwandte) und das Umfeld der Familie. Auch die Fachkräfte aus den Hilfesystemen sind Teil des Systems. Bei Pflege-, Adoptiv- und Stiefkindern gehören auch noch die jeweiligen leiblichen Eltern, Elternteile und ggf. ihre Partner und Partnerinnen dazu.

Leitfragen zur Klärung von Störungen in von FASD betroffenen Familien können deshalb zunächst z. B. sein:

- Wer hat in der Familie entschieden, ein Kind mit FASD aufzunehmen?
- Gibt es versteckte Wut auf sich selbst (z. B. wegen Alkohol in der Schwangerschaft) oder auf den Pflegekinderdienst (z. B. wegen des „blinden Fleckes FASD")?
- Waren alle Familienmitglieder mit der Aufnahme einverstanden, oder gab es Bedenken?
- Wurde jemand überredet?
- Hat sich ein Familienmitglied nicht getraut, die angebahnte Vermittlung zu beenden und das „Nein" auszusprechen?
- Wer entlastet die Eltern und ermöglicht ihnen die nötige Freizeit?
- Stört oder unterstützt der Pflegekinderdienst die Familie?

Geht es Geschwisterkindern nicht mehr gut und machen sich ihre Eltern Sorgen um sie, sollte auf alle Fälle hingeschaut werden und nach Lösungen gesucht werden, evtl. mit professioneller Unterstützung.

Leitfragen zur Abklärung der Belastung von Geschwisterkindern können z. B. sein:

- Wie ist die Stimmung des Geschwisterkindes?
- Wie ist sein/ihr Verhalten im Alltag?
- Hat er/sie Freundschaften?
- Hat er/sie Hobbys?
- Sprechen die Eltern mit dem Geschwisterkind über FASD und beantworten sie seine/ihre Fragen?
- Vermitteln die Eltern dem Kind Sicherheit und Orientierung?
- Wird sein/ihr Schlaf gestört?
- Wie läuft es für das Kind in der Schule?
- Wie klappt es mit den Hausaufgaben?[88]
- Gibt es in einem anderen Bereich auffällige Veränderungen?

Wenn es sich um konkrete Störungen handelt, sollten die Eltern für konkrete Abhilfe sorgen:

- Der Schlaf der Geschwisterkinder wird regelmäßig gestört.
  Abhilfe:
  - die Zimmer räumlich so weit trennen wie möglich
  - die Geschwister schlafen mit Ohrstöpseln
  - das Familienbett abschaffen
- Die Hausaufgaben sind für die Geschwisterkinder nicht konzentriert möglich.
  Abhilfe:
  - räumliche Trennung
  - Oropax oder Kopfhörer
  - der Bruder/die Schwester mit FASD bleibt länger in der Betreuung/Kita
  - der Bruder/die Schwester wird von den Eltern betreut, beschäftigt oder abgelenkt
  - der Bruder/die Schwester darf in der Zeit etwas machen, was er/sie sehr gerne macht (Badewanne, Spielkonsole, Basteln)

FASD ist nur eine Komponente von vielen, die das Zusammenleben in der Familie ausmachen.

88 vgl. Sarimski, 2021, S. 142f.

Störungen in der Familie können z. B. zu tun haben mit:

- der FASD-Symptomatik
- der Gesamtbelastung der Familie durch FASD
- dem Hilfesystem
- dem Background der Eltern und ihren persönlichen Themen
- Gefühlen wie Trauer, Eifersucht und Angst
- Sehnsucht nach Harmonie und Glück
- persönlicher Enttäuschung
- den eigenen Wünschen, die evtl. mit der Realität nicht kompatibel sind
- der Unsicherheit der Eltern
- Machtspielen
- ungeklärten Fragen und Konflikten
- …

Es kann sich lohnen, der Störung zu folgen und herauszufinden, wohin sie führt. Es kann aber auch sein – gerade, wenn die Störung aus dem Hilfesystem kommt –, dass die Eltern zum Wohl aller ihrer Kinder entscheiden, damit zu leben, solange es geht. Die Entscheidungen, welcher Frage nachgegangen wird, was sich ändern soll und welches Ziel erreicht werden soll, liegen aber immer ausdrücklich bei den Eltern selbst. Nur sie allein können wissen und entscheiden, was für ihre Familie richtig ist.

So gesehen sind Störungen immer auch die Chance, alte Pfade zu verlassen und neue Wege zu gehen. Aber sie sind auch die Chance zu akzeptieren, dass man nicht alles ändern kann und auch nicht unbedingt alles ändern muss.

Systemische Impulse für Eltern

- Was soll sich ändern?
- Was sind Sie bereit dafür zu tun?
- Woher kennen Sie das Problem schon?
- Was brauchen Sie, damit Sie etwas verändern können?

13 Geschwistergruppen

Unabhängig von Art und Schwere der Behinderung sind inzwischen in vielen Regionen Gruppen für Geschwister von Kindern mit chronischen Erkrankungen und/oder Behinderungen entstanden.

Dabei gibt es eine große Bandbreite solcher Gruppen und sehr unterschiedliche Zielgruppen. Viele dieser Angebote gehören in den Bereich der Freizeitgestaltung und haben Spiel und Spaß im Blick. Daneben soll ermöglicht werden, dass die Geschwister von Kindern mit Behinderung sich mit ähnlich betroffenen anderen Kindern über ihre Erfahrungen, Probleme und auch Sorgen austauschen können. Solche Angebote gibt es im Rahmen von mehrtägigen Freizeiten oder Wochenend- und Tagesangeboten oder auch im Rahmen von Familienfreizeiten. In manchen Regionen gibt es solche Angebote auch als regelmäßige wöchentliche oder monatliche Gruppenangebote. Die meisten dieser Gruppenangebote wenden sich an eine bestimmte Altersgruppe und sind nicht auf eine Art der Behinderung festgelegt (z. B. geistige Behinderung aller Art, Kinder mit lebensverkürzenden Erkrankungen, Kinder mit schweren körperlichen Einschränkungen). Anbieter solcher Angebote können die großen Behindertenverbände, aber auch Vereine für Pflege- oder Adoptivkinder sein. Auch regionale Vereine, die sich in der Behindertenhilfe oder im Rahmen der Unterstützung für Familien mit chronisch kranken Kindern oder Kindern mit Behinderung gebildet haben, haben vergleichbare Angebote.

Für FASD gibt es solche Angebote nur vereinzelt oder regional sehr begrenzt. Im Rahmen von Freizeit- und Urlaubsangeboten für ganze Familien mit einem FASD-Kind sind solche Angebote inzwischen eher üblich. Spezielle Programme oder Gruppenangebote, die die Besonderheiten von FASD und die Belastungen von Familien und Geschwistern in den Blick nehmen, gibt es aber selten.

Adressen, wo Sie sich nach Angeboten erkundigen können, sind:

- speziell mit FASD befasste Institutionen
- Behindertenverbände
- überregional vernetzte Vereine

Grundsätzlich kann eine Geschwistergruppe für die Geschwisterkinder sinnvoll und hilfreich sein, aber auch unnötig oder sogar kontraproduktiv. Deshalb sollten Eltern sich gut informieren und das Für und Wider abwägen.

Eine Geschwistergruppe kann einerseits die Geschwisterkinder unterstützen. Sie können sich mit Kindern mit ähnlichen Erfahrungen treffen, sich austauschen und Kontakte knüpfen. Sie hören vom Umgang mit FASD in anderen Familien und erfahren von anderen, wie sie mit den Schwestern und Brüdern mit FASD umgehen.

Andererseits kann eine Geschwistergruppe aber auch Probleme verfestigen, die Geschwisterbeziehung pathologisieren und Probleme kreieren, wo keine sind. So kann eine Geschwistergruppe auch zur Distanzierung von der Schwester oder dem Bruder mit FASD führen. Und evtl. geht es in der Geschwistergruppe wieder nur um FASD und dann steht die Schwester oder der Bruder mit FASD im Fokus, auch wenn sie oder er gar nicht anwesend ist.

Bei der Suche nach Angeboten sollten die Eltern daher auf die Inhalte und Ziele dieser Angebote achten.

Ob eine Geschwistergruppe hilfreich oder nötig ist, kann deshalb immer nur individuell entschieden werden. Die Entscheidung hängt ab von:

- der Familie
- der Gruppe
- der Zielsetzung der Gruppe
- dem Geschwisterkind

Ein Indikator kann dabei die Frage sein, ob das Geschwisterkind Interesse an der Gruppe hat oder nicht. Nicht jedem Kind tut eine Geschwistergruppe gut und nicht jede Geschwistergruppe tut jedem Kind gut.

Keine Geschwistergruppe wird die Kommunikation und das gute Miteinander in der Familie ersetzen können. Sie kann, wenn das ihre Zielsetzung ist, Impulse zur Veränderung in der Familie geben, einen Raum zum Austausch schaffen und Geschwisterkinder vernetzen. Als Hauptbezugspersonen bleiben die Eltern aber immer selbst in der Verantwortung für das Zusammenleben in der Familie.

14 Sichere Eltern sein

Wenn Eltern ihre Elternrolle aktiv wahrnehmen, gestalten und nötige Entscheidungen treffen – auch und gerade im Hinblick auf FASD –, ermöglichen sie den Geschwisterkindern ein normales Aufwachsen in einer ausreichend normalen Familie.

Das Wohlergehen der Geschwisterkinder in der Familie hängt eben nicht an der Frage, ob es FASD in der Familie gibt, sondern an der Frage, wie die Eltern FASD managen und das Familienleben gestalten: Aus „FASD ist so anstrengend" wird so: „Wir machen den Job." Kinder mit FASD und ihre Geschwister brauchen Eltern, die sich trauen, nicht die Freundinnen und Freunde ihrer Kinder, sondern wirklich ihre Eltern zu sein.

Sichere Eltern sein heißt, zu leiten.

Ganz gleich wie Eltern das Familienleben gestalten, welche Entscheidungen sie treffen und wie sie ihren Weg gehen, ein Kind mit FASD und seine Geschwister zu erziehen bedeutet zu leiten.

Die Eltern stehen als Kapitäne auf der Brücke des Schiffes, sind die Chefs eines Familienunternehmens oder sind als Captain auf der USS Enterprise unterwegs zu neuen Galaxien. Was auch immer ihr eigenes Bild dafür sein mag: Eltern sind Eltern, weil sie leiten und entscheiden.

Je mehr Eltern das klar ist und je besser es ihnen gelingt, diese Leitungsfunktion anzunehmen und auszufüllen, desto weniger kommen Geschwisterkinder überhaupt in die Situation, möglicherweise zu vergessenen Geschwistern zu werden.

In der Haltung der Eltern und ihrer Übernahme der Leitungsfunktion in der Familie liegt gleichermaßen der Schlüssel zu Gelassenheit im Umgang mit FASD und guten Bedingungen für die Geschwisterkinder.
FASD bringt viele Gelegenheiten ins Haus, in die Leitungsrolle zu gehen und die Familie tatsächlich zu managen.

Treffen Eltern Entscheidungen? Zeigen sie im Alltag Haltung? Riskieren sie bei ihren Kindern anzuecken, weil sie auch mal unliebsame Entscheidungen treffen müssen? Nicht nur die Kinder mit FASD, auch die Geschwister beobachten die Eltern genau. Stehen sie noch oder kippen sie schon?

Wenn Eltern aktiv die Leitungsfunktion übernehmen – auch oder gerade im Hinblick auf FASD –, entlasten sie auch die Geschwisterkinder. Wenn der Kapitän auf der Brücke ist, muss sich die Mannschaft keine Sorgen machen. Wenn Eltern sich ihrer Sache sicher sind, profitieren von dieser Sicherheit der Eltern auch die Geschwisterkinder.

Sichere Eltern sein heißt, Haltung zu zeigen.

Kinder mit FASD bringen ihre Eltern auf den Punkt. Wenn ein Kind mit FASD im Haus ist, müssen Eltern Position beziehen, einen Standpunkt finden und sich verhalten.

Mit der eigenen Haltung und dem eigenen Standpunkt geht eine Konfliktbereitschaft einher. Nur keinen Streit vermeiden! Um Entscheidungen, Standpunkte und Lösungen darf und muss sogar in der Familie gestritten werden. Sich nicht zu streiten, sendet an die Kinder keine Friedensbotschaft, sondern lässt sie unsicher werden, weil sie sich fragen, wo ihre Eltern stehen und für was?

Eine Haltung zu zeigen, bedeutet sich zu positionieren und damit immer auch, sich angreifbar zu machen. Das hat etwas von dem urprotestantischen „Hier stehe ich und kann nicht anders“, mit dem Martin Luther vor über 500 Jahren seinen Standpunkt vertreten haben soll.[89]

Mehr ist oft auch gar nicht nötig: ein fester Stand, Selbstsicherheit und eine Position. Die Botschaft kommt an: Das muss dir nicht gefallen, aber das verhandle ich nicht.

Sichere Eltern sein heißt, sicher zu sein im Umgang mit FASD.

Kinder mit FASD brauchen eine spezielle, auf FASD ausgerichtete Pädagogik. Die Struktur in ihrem Alltag muss immer von außen kommen. Was ist der nächste Schritt im Tagesablauf? Was kommt jetzt in die Schultasche?

89 Reichstag zu Worms April 1521

Wie deckst du jetzt den Tisch? Wie löst du jetzt diesen Konflikt? Wie findest du jetzt einen Kompromiss? Das macht das Zusammenleben mit Kindern mit FASD nicht nur arbeitsintensiv, es bedeutet für Eltern auch innere Konflikte und ein schlechtes Gewissen. Denn sie müssen einem Kind mit sechs, acht oder zwölf Jahren so viel vorgeben, dass sie dafür nicht nur von Außenstehenden kritisiert werden, sondern auch an sich selbst und ihrem Kind zweifeln. Das Kind müsste doch durch Einsicht und Erkenntnis dazulernen? Was machen wir nur falsch? Diese Form von Erziehungsunsicherheit kann sich in Sicherheit verwandeln, wenn Eltern sich mit FASD beschäftigen und die Bestätigung erhalten, dass Kinder mit FASD eine FASD-spezifische Erziehung dringend brauchen.

Auf dieser Basis aus Know-how und Sicherheit können Eltern sehr viel für ihre Kinder mit FASD erreichen und den Geschwisterkindern die Botschaft vermitteln, dass ihre Eltern das Ruder in der Hand haben.
Die Geschwister wissen, dass sie sich genauso wie ihre Schwestern und Brüder mit FASD auf ihre Eltern verlassen können.

Sichere Eltern sein heißt, mit dem eigenen Leben zufrieden zu sein.

Die Frage ist deshalb, ob Adoptiveltern, Pflegeeltern, Stiefeltern und Eltern mit ihrer Lebenssituation zufrieden sind.
Nicht jede Familie, die, ohne es zu wissen, ein Kind mit FASD adoptiert oder als Pflegekind aufgenommen hat, ist anschließend bereit, sich auf FASD einzustellen. Und das muss sie auch nicht. Für Adoptiv- und Pflegefamilien kann in Bezug auf das FASD-Management, das die Eltern künftig leisten müssen, die Frage entscheidend sein, wie die zukünftigen sozialen Eltern aufgeklärt und beraten wurden. FASD ist sicherlich nicht ein „Päckchen“, sondern eine hirnorganische Schädigung, aber viel zu oft erschöpft sich die Beratung vor der Aufnahme des Kindes im Gebrauch dieses verharmlosenden Bildes. Wenn Adoptiv- und Pflegeeltern oder Erziehungsstellen ein Kind mit Behinderung oder sogar dezidiert ein Kind mit FASD für sich ausgeschlossen haben, fühlen sie sich vielleicht sogar betrogen oder ausgenutzt.

Diese Art, über FASD aufzuklären, spielt später in den Alltag und das Zusammenleben in der Familie hinein. In der Folge kann sich das Zusammenleben in der Familie verkomplizieren.

Zu verstehen, was FASD im Alltag für die ganze Familie bedeutet, und zugleich FASD mit seinen ganzen Facetten zu akzeptieren, ist für alle Eltern ein Prozess, der seine Zeit braucht. Eltern, die sich nicht für ein Kind mit Behinderung entschieden haben, suchen oft lange nach Antworten auf die Frage, was denn eigentlich los ist und sie vertrauen lange den Fachkräften, die das Kind mit der Behinderung FASD für gesund halten. Eltern, denen es so ergangen ist, spüren sehr direkt die Auswirkungen des Informationsdefizits FASD auf die eigene Familie und das eigene Leben.

Die Situation stellt sich für Familien mit leiblichen Kindern mit FASD ähnlich belastend und kompliziert dar. In Deutschland ist die Gruppe der Alkoholikerinnen, die Kinder mit FASD zur Welt bringen, eher eine kleine Gruppe, die die öffentliche Diskussion aber bestimmt. Der Kenntnisstand vieler Fachkräfte erschöpft sich immer noch darin, dass FASD ein Problem von Frauen mit Alkoholproblem sei. Die weitaus größere Gruppe der Schwangeren trinkt aber moderat Alkohol und hätte die Möglichkeit, auf Alkohol zu verzichten. Dazu wäre eine radikal ehrliche Aufklärung nötig, die aber noch nicht immer und überall erfolgt. Von FASD betroffene leibliche Eltern sind noch sehr oft auf sich allein gestellt. Sie laufen Gefahr diffamiert zu werden und müssen mit der Schuld, FASD verursacht zu haben, leben.

Es ist nicht ausgeschlossen, aber es ist auch nicht selbstverständlich, dass daraus eine Familie entsteht, die mit ihrer Lebenssituation zufrieden ist.

Zur Zufriedenheit mit der eigenen Lebenssituation gehört auch, dass die Eltern tatsächlich noch ein eigenes lebenswertes Leben haben.

Sie brauchen Freizeit, Zeit für sich selbst und Zeit für ihre eigenen Interessen. Eltern von Kindern mit FASD brauchen deshalb Entlastung und Pausenzeiten.

- Ein betroffenes Elternteil darf ausdrücklich einfach einmal gar nichts tun – das Sofa ruft!
- Die Wohnung wird von einer Hilfe geputzt.
- Garten- und Renovierungsarbeiten werden delegiert.
- Die Eltern brauchen Entlastungswochenenden und Entlastungswochen mit und ohne die Geschwisterkinder.
- Die Eltern nutzen Babysitter.

Das ist eigentlich eine Binsenweisheit und trotzdem vielleicht das, was im Zusammenleben mit Kindern mit FASD am allerschwierigsten umzusetzen ist. Angebote von Trägern sind nicht überall ausreichend verfügbar oder passen nicht für Kinder mit FASD. Personal ist nicht immer leicht zu finden. Und sich selbstbewusst Auszeiten zu nehmen, führt manchmal sogar zu abwertenden Kommentaren aus dem Umfeld.

Es ist also keineswegs ein Zeichen von Schwäche oder von Überlastung, wenn Eltern auf ihre eigenen Grenzen achten und sich selbst im Blick haben, sondern im Gegenteil genau das, was ihre Fähigkeit, sichere Eltern zu sein, stärkt und erhält.

Systemische Impulse für Eltern

- Was heißt „leiten“ für Sie?
- Wo zeigen Sie Haltung?
- Was sind Ihre Kraftquellen?
- Was tun Sie nur für sich?
- Wer stärkt Ihnen den Rücken?
- Was tröstet Sie?
- Mit wem können Sie lachen?
- Wie sieht Ihre Streitkultur aus?
- Wie zufrieden sind Sie mit Ihrem Leben auf einer Skala von 1 bis 10?

15 Erwachsene Geschwister

Geschwisterbeziehungen verändern sich im Laufe des Lebens.

Wenn Geschwister 20, 40 oder 60 Jahre alt sind, verändern sie sich selbst. Ihr Leben hat andere Themen und andere Herausforderungen. Und ihre Herangehensweise an das Leben wird sich vermutlich im Laufe des Lebens geändert haben.

Die Geschwisterbeziehung in den Lebensphasen[90]

Lebensphase	Typische Merkmale der Geschwisterbeziehung
Kindheit und Jugendalter	– intensiver Kontakt – Identifikation und Abgrenzung („Intimität")
Frühes und mittleres Erwachsenenalter	– weniger Berührungspunkte – lockerer Kontakt – großer Gestaltungsspielraum („Distanz")
Höheres und hohes Erwachsenenalter	– Intensivierung der Beziehung – größere Akzeptanz – gemeinsamer Lebensrückblick („Wiederannäherung")

Quelle: Waltraud Hackenberg, 2008

So intensiv, wie die Geschwisterbeziehungen in der Kindheit sind, bleiben sie nicht ein Leben lang. Sie verändern sich im Laufe des Lebens und durchlaufen verschiedene Phasen. Aus der Nähe in der Kindheit wird ein distanzierteres Verhältnis im Erwachsenenalter, weil die Schwestern und Brüder damit beschäftigt sind, ihr eigenes Leben aufzubauen, sich im Beruf zu etablieren und selbst eine Familie zu gründen. Große räumliche Distanzen sind heute nicht mehr selten, sondern durch die Anforderungen des Berufslebens eher die Regel als die Ausnahme.

Aber eines bleibt so, wie es schon in der Kindheit war: Obwohl aus den Geschwisterkindern inzwischen verantwortungsvolle Erwachsene geworden

90 Hackenberg, 2008, S. 37

sind, haben sie keine Mitwirkungspflicht in Bezug auf die Betreuung und Versorgung ihrer erwachsenen Schwestern und Brüder mit FASD.

Auch und ausdrücklich die Geschwisterkinder von Kindern mit Behinderung sind frei in ihren Entscheidungen.

Ein Kind mit FASD zur Welt gebracht, adoptiert oder als Pflegekind aufgenommen zu haben, ist die Lebensentscheidung oder das Schicksal der Eltern. Das heißt nicht nur, dass es die Eltern sind, die die Verantwortung tragen, das heißt auch, dass die Geschwisterkinder keinerlei Verantwortung für ihre Schwestern und Brüder mit FASD tragen müssen.

Schon in der Kindheit im Elternhaus dürfen Geschwisterkinder ihre Grenzen schützen und ihre eigenen Interessen wahrnehmen. Die Geschwisterkinder müssen ihre Schwestern und Brüder mit FASD nicht mögen, sie müssen sie nicht schützen und sie müssen nicht zugunsten ihrer Schwestern und Brüder zurückstecken. Wohlgemerkt: Sie müssen nicht. Aus freien Stücken dürfen sie. Sie dürfen in ihr Zimmer gehen, wenn es ihnen zu viel wird, sie dürfen das Babysitten verweigern und das Angebot zum Spielen dankend ablehnen. Geschwisterkinder dürfen sich engagieren, aber sie müssen nicht. Es ist nicht die Aufgabe von Geschwisterkindern, dass sich ihr gesamtes Leben um FASD dreht.

Und ebenso selbstverständlich dürfen Geschwisterkinder auch später als Erwachsene ihre Grenzen schützen und ihre eigenen Entscheidungen treffen.

Sie tragen und erben nicht automatisch die Verantwortung der Eltern. Gerade im Hinblick auf FASD ist es wichtig, dass die Geschwisterkinder um ihre Nicht-Verantwortung wissen. Sie sind nicht für den Lebensunterhalt ihrer Schwestern und Brüder mit FASD zuständig und nicht für die Begleichung ihrer Schulden verantwortlich. Sie sind nicht für deren Chaos verantwortlich und sind nicht per se ihre Retter aus jeder Misere auf Lebenszeit.

Erwachsene Geschwister können unterstützen, betreuen und helfen – wenn sie sich dafür entschieden haben.

16 Ziemlich beste Eltern

Wir haben gesehen, welche Bandbreite an menschlichen, sozio-kulturellen, personellen und strukturellen Faktoren das Aufwachsen als Geschwisterkinder von Kindern mit FASD mitbestimmt. So unterschiedlich Familien und ihre Rahmenbedingungen sind, so unterschiedlich sind die Wege, die sie gehen. Für konkrete Familien kann es deshalb immer nur konkrete Lösungen geben.

Aber wenn es etwas gibt, was alle Geschwisterkinder von Kindern mit FASD immer brauchen, dann sind das „ziemlich beste Eltern".

„Ziemlich beste Eltern" sind nicht perfekt. Sie sind erwachsene Frauen und Männer, die Ecken und Kanten haben. Ziemlich beste Eltern sind authentische Persönlichkeiten, die nicht alles können und selbst auch mal an ihre Grenzen kommen. Ziemlich beste Eltern nehmen ihren Job als Eltern wahr: Sie leiten, übernehmen Verantwortung und positionieren sich. „Kinder brauchen keine perfekten Eltern, die über jeden Zweifel erhaben sind, sondern authentische Menschen, die nicht alles wissen, sondern stets bereit sind, sich weiterzuentwickeln."[91]

Aus der Praxis:
Was macht Eltern zu ziemlich besten Eltern?

- Ehrlichkeit
- offene Kommunikation
- Akzeptanz
- Vertrauen

Alexandra, 22 J., Gesellin im Handwerk, aufgewachsen mit Geschwistern mit und ohne FASD

- unterstützend sein, nicht judgend (to judge = urteilen)
- Grenzen aufzeigen
- Familienzeit haben
- verlässlich sein

Saskia, 21 J., Studentin, aufgewachsen mit Geschwistern ohne FASD

91 Juul, 2020, S. 165f.

- unterstützen
- mit ihnen reden können
- Akzeptanz

Susanne, 26 J., Studentin, aufgewachsen mit Geschwistern mit und ohne FASD

- mich ernst nehmen
- offen sein
- nicht streng, aber klare Regeln
- ein offenes Ohr haben
- Empathie

Hanna, 19 J., Auszubildende, aufgewachsen mit Geschwistern mit und ohne FASD

- Vertrauen
- klare Strukturen
- Geborgenheit

Franziska, 21 J., Studentin, aufgewachsen mit Geschwistern mit und ohne FASD

Auf alle Geschwisterkinder, so unterschiedlich sie auch sind, wird wahrscheinlich ein unperfektes Leben warten. Sie werden nicht immer die Wahl haben, was das Leben für sie bereithält, aber sie haben immer die Wahl, wie sie damit umgehen. Ziemlich beste Geschwister haben darin schon viel Übung.

Internetadressen

www.geschwisterkinder.de

- Beratungsstelle für Eltern, Fachkräfte und Geschwisterkinder von Kindern mit Behinderung

www.bv-bunter-kreis.de

Bundesverband Bunter Kreis e.V.

- Praxishandbücher für Eltern von Kindern mit und ohne Behinderung und begleitende Fachkräfte im Selbstverlag

www.besondere-geschwister.org

- Möglichkeiten zum Austausch für Geschwister und Eltern von Kindern mit Behinderung

www.geschwisternetz.de

- Selbsthilfenetz für Geschwister von Menschen mit Behinderung
- für Geschwister bis 14 Jahre

www.erwachsene-geschwister.de

- Vernetzung und Austausch für erwachsene Geschwister von Menschen mit Behinderung

www.podcast.de

- „Für immer anders und total normal", Podcast für Geschwister von Menschen mit Behinderung

www.lebenshilfe-nrw.de → Geschwisterprojekt NRW

- Geschwisterprojekt der Lebenshilfe NRW
- Beratungstage, Informations- und Fortbildungsveranstaltungen

www.stiftung-familienbande.de

- Beratung und Freizeiten
- Suchfunktion für regionale Angebote in Deutschland und Österreich

www.sesk.de

- Elternkurs des Kindesschutzbundes „Starke Eltern – Starke Kinder©"
- regionale Angebote, online unter: www.eltern-onlinetraining.de

www.familylab.de

- Seminare und Beratung für Eltern

www.inklumat.de

- Methoden, Aktionstage, Schulungen zur Inklusion für haupt- und ehrenamtliche Fachkräfte
- umfangreiches Glossar zu Begriffen zur Inklusion und Vielfalt von Behinderung

www.fasd-deutschland.de

FASD Deutschland e. V.

- Beratung und Aufklärung zu FASD
- Familienfreizeiten für von FASD betroffene Familien

www.fasd-elternkurse.de

- Beratung für von FASD betroffene Eltern und Geschwisterkinder
- Workshops und Seminare für Eltern und Fachkräfte

Literaturverzeichnis

Aichele, Valentin: Eine Dekade UN-Behindertenrechtskonvention in Deutschland, in: „APuZ. Zeitschrift der Bundeszentrale für politische Bildung", Beilage zur Wochenzeitung „Das Parlament", Jg. 69, 6-7/2019, 4.02.2019, S. 4–10

Achilles, Ilse: „... und um mich kümmert sich keiner". Die Situation der Geschwister behinderter Kinder, München, 2. Aufl. 1997

Armbrust, Joachim: Streit unter Geschwistern. So lösen Eltern erfolgreich Konflikte, Stuttgart, 2007

Attwood, Tony: Ein Leben mit dem Asperger Syndrom. Von Kindheit bis Erwachsensein – alles was weiterhilft, Stuttgart, 2. Aufl. 2012

Badnjevic, Sejla: Meine Schwester ist anders als ich. Geschwister behinderter Kinder – Ihre Entwicklungschancen und -Risiken, Marburg, 2008

Bach, Georg R.; Wyden, Peter: Streiten verbindet, Frankfurt a. M., 1994

Barkley, Russell A.: Das große ADHS-Handbuch für Eltern. Verantwortung übernehmen für Kinder mit Aufmerksamkeitsdefizit und Hyperaktivität, Bern, 3. Aufl. 2011

Barthelmess, Manuel: Die systemische Haltung. Was systemisches Arbeiten im Kern ausmacht, Göttingen, 2016

Berne, Eric: Spiele der Erwachsenen. Psychologie der menschlichen Beziehungen, Reinbek, 1995

Brock, Ines: Bruderheld und Schwesterherz. Geschwister als Ressource, Gießen, 2015

Brock, Ines: Geschwister verstehen. Professionelle Begleitung von Kindern und Erwachsenen, München, 2020

Brüder Grimm: Kinder- und Hausmärchen. Ausgabe letzter Hand, Hrsg. v. Heinz Rölleke, Stuttgart, 1997

Endres, Wolfgang: Geschwister haben sich zum Streiten gern, Weinheim und Basel, 5. Aufl. 1997

Falke, Susanne, Stein, Sabine: Ein (Pflege-)Kind mit FASD – und glücklich! Ein pädagogisch-therapeutischer Wegweiser, Idstein, 2. Aufl. 2018

Farnkopf, Rosemarie: ADS und Schule. Tipps für Unterricht und Hausaufgaben, Weinheim, 2002

Föltz, Friedegard: Kinder mit Behinderungen in der Pflegekinderhilfe. Perspektiven und Herausforderungen Sozialer Elternschaft, Weinheim, 2021

Frick, Jürg: Ich mag dich – du nervst mich. Geschwister und ihre Bedeutung für das Leben, Bern, 4. Aufl. 2015

Gordon, Thomas: Die neue Familienkonferenz. Kinder erziehen ohne zu strafen, München, 13. Aufl. 2000

Grünzinger, Eberhard: Geschwister behinderter Kinder. Besonderheiten, Risiken und Chancen: Ein Familienratgeber, Neuried, 2005

Haberthür, Nora: Kinder im Schatten. Geschwister behinderter Kinder, Oberhofen am Thunersee, 2005

Hackenberg, Waltraud: Geschwister von Menschen mit Behinderung. Entwicklung, Risiken, Chancen, München, 2008

Hackenberg, Waltraud: Die psycho-soziale Situation von Geschwistern behinderter Kinder, Heidelberg, 2. Aufl. 1987

Harris, Thomas A.: Ich bin o.k. Du bist o.k. Wie wir uns selbst besser verstehen und unsere Einstellung zu anderen verändern können – Eine Einführung in die Transaktionsanalyse, Reinbek, 40. Aufl. 2005

Hauschild, Jana: Übersehene Geschwister. Das Leben als Bruder oder Schwester psychisch Erkrankter, Weinheim, 2019

Heinke, Sabrina: Ziemlich beste Geschwister. Weniger Streit, weniger Chaos, weniger Stress: Geschwister gelassen erziehen, Hannover, 2020

Hejlskov Elvén, Bo: Herausforderendes Verhalten vermeiden. Menschen mit Autismus und psychischen oder geistigen Einschränkungen positives Verhalten ermöglichen, Tübingen, 2. Aufl. 2017

Held, Peter: Systemische Praxis in der Seelsorge, Mainz, 1998

Hermes, Veronika: Beratung und Therapie bei Erwachsenen mit geistiger Behinderung. Das Praxishandbuch mit systemisch-ressourcenorientiertem Hintergrund, Bern, 2017

Huxoll, Martina; Kotthaus, Jochem (Hrsg.): Macht und Zwang in der Kinder- und Jugendhilfe, Weinheim, 2012

Jimenez, Susanne: Geschwister von Kindern mit Behinderung oder schwerer chronischer Erkrankung in der Familie: Ansätze der sozialen Arbeit und Heilpädagogik, Hamburg, 2014

Jones, Elsa: Systemische Familientherapie. Entwicklungen der Mailänder systemischen Therapien – Ein Lehrbuch, Dortmund, 1995

Juul, Jesper: Elterncoaching. Gelassen erziehen, Weinheim, 2011

Juul, Jesper: Aggression. Warum sie für uns und unsere Kinder notwendig ist, Frankfurt a. M., 2013

Juul, Jesper: Das Familienhaus. Wie Große und Kleine gut miteinander auskommen, Weinheim, 3. Aufl. 2016

Juul, Jesper: Dein kompetentes Kind. Auf dem Weg zu einer neuen Wertgrundlage für die ganze Familie, Reinbek, 15. Aufl. 2018

Juul, Jesper: Dein selbstbestimmtes Kind. Unterstützung für Eltern, deren Kinder früh nach Autonomie streben, München, 2020

Juul, Jesper: Nein aus Liebe. Klare Eltern – starke Kinder, Weinheim, 7. Aufl. 2020

Kammerer, Doro: Die lieben Geschwister. Ihre Rivalität verstehen – ihren Zusammenhalt stärken, München, 1999

Kaniak-Urban, Christine; Lex-Kachel, Andrea: Wenn Geschwister streiten. Lösungswege, die funktionieren, München, 2005

Kast, Verena: Abschied von der Opferrolle. Das eigene Leben leben, Freiburg i. Breisgau, 4. Aufl. 2004

Kasten, Hartmut: Geschwister. Vorbilder, Rivalen, Vertraute, München, 7. Aufl. 2020

Köhler-Saretzki, Thomas: Sichere Kinder brauchen starke Wurzeln. Wegweiser für den Umgang mit bindungsbeeinträchtigten Kindern und Jugendlichen, Idstein, 2. Aufl. 2016

Körner, Wilhelm; Hörmann, Georg: Staatliche Kindeswohlgefährdung? Weinheim, 2019

Kraus, Ludwig; Seitz, Nicki-Nils; Shield, Kevin D.; Gmel, Gerrit; Rehm, Jürgen: Quantifying harms to others due to alcohol consumption in Germany: a register-based study, BMC, Medicine, published online: 19 March 2019

Landgraf, Mirjam; Hoff, Tanja: Fetale Alkoholspektrumstörungen, Diagnostik, Therapie, Prävention, Stuttgart, 2019

Leipholz, Sabine; Kamphausen, Uwe: Das FASD-Elternbuch. Strategien und Hilfen für Eltern und Kinder, Idstein, 2020

Leman, Kevin: Geschwisterkonstellationen. Die Familie bestimmt ihr Leben, Landsberg am Lech, 4. Aufl. 2000

Miller, Nancy B.: Mein Kind ist fast ganz normal. Leben mit einem behinderten oder verhaltensauffälligen Kind: Wie Familien gemeinsam den Alltag meistern lernen, Stuttgart, 1997

Möller, Birgit; Gude, Marlies; Herrmann, Jessy; Schepper, Florian; Romer, Georg: Geschwister chronisch kranker und behinderter Kinder im Fokus. Ein familienorientiertes Beratungskonzept, Göttingen, 2016

Neuhaus, Cordula: Das hyperaktive Baby und Kleinkind. Symptome deuten – Lösungen finden, Berlin, 2003

Petri, Horst: Geschwister – Liebe und Rivalität. Die längste Beziehung unseres Lebens, Stuttgart, Zürich, 1994

Prekop, Jirina; Schweizer, Christel: Kinder sind Gäste, die nach dem Weg fragen. Ein Elternbuch, München, 13. Aufl. 1999

Pusch, Luise F. (Hrsg.): Schwestern berühmter Männer, Frankfurt a. M., 1985

Richter, Horst-Eberhard: Patient Familie. Entstehung, Struktur und Therapie von Konflikten in Ehe und Familie, Reinbek, 1983

Rogge, Jan-Uwe: Kinder dürfen aggressiv sein, Reinbek, 2. Aufl. 2008

Rogge, Jan-Uwe: Ohne Chaos geht es nicht. 13 Überlebenstipps für Familien, Reinbek, 10. Aufl. 2013

Rogge, Jan-Uwe: Das neue Kinder brauchen Grenzen, Hamburg, 13. Aufl. 2019

Rogge, Jan-Uwe; Kitzerow, Alu; Manthey, Konstantin: Geschwister, eine ganz besondere Liebe, München, 2021

Rotthaus, Wilhelm: Wozu erziehen? Entwurf einer systemischen Erziehung, Heidelberg, 8. Aufl. 2017

Rotthaus, Wilhelm: Wir können und wir müssen uns neu erfinden. Am Ende des Zeitalters des Individuums – Aufbruch in die Zukunft, Heidelberg, 2021

Rufo, Marcel: Geschwisterliebe, Geschwisterhass. Die prägendste Beziehung unserer Kindheit, Zürich, 2004

Sarimski, Klaus: Familien von Kindern mit Behinderungen. Ein familienorientierter Beratungsansatz, Göttingen, 2021

Satir, Virginia: Selbstwert und Kommunikation. Familientherapie für Berater und zur Selbsthilfe, Stuttgart, 14. Aufl. 2000

Satir, Virginia; Baldwin, Michele: Familientherapie in Aktion. Die Konzeption von Virginia Satir in Theorie und Praxis, Paderborn, 5. Aufl. 1999

Schlippe, Arist von; Schweitzer, Jochen: Lehrbuch der systemischen Therapie und Beratung, Göttingen, 6. Aufl. 1999

Schloß, Monika (Hrsg.): Wie Geschwister Freunde werden. So helfen Sie Ihren kleinen Rivalen, sich zu verstehen und zu vertragen, 2. Aufl. 2008

Schmidt, Hannah; Fietzek, Michaela; Holodynski, Manfred; Feldmann, Reinhold: FAS-Erste-Hilfe-Koffer. Hilfen und Tipps zur Erleichterung des Alltags mit einem alkoholgeschädigten Kind oder einem Kind mit ähnlichen Verhaltensauffälligkeiten, Idstein, 2013

Schulz von Thun, Friedemann: Miteinander reden. Störungen und Klärungen, Reinbek, 1981

Seifert, Monika: Geschwister in Familien mit geistig behinderten Kindern. Eine praxisbezogene Studie, Bad Heilbrunn, 1989

Sesselmann, Birgit: Familienleben mit geistig behinderten Kindern. Ein Leitfaden für junge Eltern, Marburg, 2012

Sitzler, Susanne: Geschwister. Die längste Beziehung unseres Lebens, Stuttgart, 2014

Solter, Aletha J.: Wüten, toben, traurig sein. Starke Gefühle bei Kindern, München, 1994

Spohr, Hans-Ludwig: Das Fetale Alkoholsyndrom im Kindes- und Erwachsenenalter, Berlin, 2014

Stanczak, Isolde; Podeswik, Andreas: „Ich bin auch noch da!". Ratgeber zu dem Thema Geschwisterkinder für Eltern von chronisch kranken und/oder behinderten Kindern, Stiftung FamilienBande; Bundesverband Bunter Kreis e.V., 2016

Theunissen, Georg: Empowerment und Inklusion behinderter Menschen. Eine Einführung in die Heilpädagogik und Soziale Arbeit, Freiburg/Breisgau, 3. Aufl. 2013

Thimm, Walter; Wachtel, Grit: Familien mit behinderten Kindern. Wege der Unterstützung und Impulse zur Weiterentwicklung regionaler Hilfesysteme, Weinheim und München, 2002

Thomsen, Annika, u.a.: FASD – Fetale Alkoholspektrumstörungen. Auf was ist im Umgang mit Menschen mit FASD zu achten? Ein Ratgeber, Idstein, 2. Aufl. 2014

Unverzagt, Gerlinde: Kinder vertragt euch doch! Warum Geschwister nicht nur friedlich sein können, Freiburg/Breisgau 1999

Wacker, Elisabeth: Leben in Zusammenhängen. Bildung erfassen und Teilhabe messen, in: „APuZ. Zeitschrift der Bundeszentrale für politische Bildung", Beilage zur Wochenzeitung „Das Parlament", Jg. 69, 6-7/2019, 4.02.2019, S. 12–18

Watzlawick, Paul; Nardone, Giorgio (Hg.): Kurzzeittherapie und Wirklichkeit. Eine Einführung, München, 2001

Weinberg, Dorothea: Psychotherapie mit komplex traumatisierten Kindern. Behandlung von Bindungs- und Gewalttraumata der frühen Kindheit, Stuttgart, 4. Aufl. 2017

Weinberg, Dorothea: Verletzte Kinderseele. Was Eltern traumatisierter Kinder wissen müssen und wie sie richtig reagieren, Stuttgart, 5. Aufl. 2020

Weiss, Thomas; Haertel-Weiss, Gabriele: Familientherapie ohne Familie. Kurztherapie mit Einzelpatienten, München, 6. Aufl. 2000

Wiemann, Irmela: Wie viel Wahrheit braucht mein Kind? Von kleinen Lügen, großen Lasten und dem Mut zur Aufrichtigkeit in der Familie, Reinbek, 7. Aufl. 2017

Winkelheide, Marlies; Knees, Charlotte: … doch Geschwister sein dagegen sehr. Schicksal und Chancen der Geschwister behinderter Menschen, Kiel, 2003

Winkelheide, Marlies (Hg.): Ich neben dir – du neben mir. Geschwister behinderter Menschen aus mehreren Generationen erzählen, Vechta, 7. Aufl. 2015